AF260154

MINISTÈRE

DU TRAVAIL ET DE LA PRÉVOYANCE SOCIALE

DIRECTION DE L'ASSURANCE ET DE LA PRÉVOYANCE SOCIALES

LOI, RÈGLEMENTS ET INSTRUCTIONS

SUR

LES HABITATIONS À BON MARCHÉ

(1907)

PARIS

IMPRIMERIE NATIONALE

MDCCCCVII

MINISTÈRE

DU TRAVAIL ET DE LA PRÉVOYANCE SOCIALE

DIRECTION DE L'ASSURANCE ET DE LA PRÉVOYANCE SOCIALE

LOI, RÈGLEMENTS ET INSTRUCTIONS

SUR

LES HABITATIONS À BON MARCHÉ.

LOI DU 12 AVRIL 1906,

RELATIVE AUX HABITATIONS À BON MARCHÉ.

ARTICLE PREMIER. Il sera établi dans chaque département un ou plusieurs comités de patronage des habitations à bon marché et de la prévoyance sociale. Ces comités ont pour mission d'encourager toutes les manifestations de la prévoyance sociale, notamment la construction de maisons salubres et à bon marché, soit par des particuliers ou des sociétés en vue de les louer ou de les vendre à des personnes peu fortunées, notamment à des travailleurs vivant principalement de leur salaire, soit par les intéressés eux-mêmes pour leur usage personnel.

ART. 2. Ces comités sont institués par décret du Président de la République, après avis du conseil général et du conseil supérieur des habitations à bon marché. Le même décret détermine l'étendue de leur circonscription et fixe le nombre de leurs membres, dans la limite de neuf au moins et de douze au plus.

Le tiers des membres du comité est nommé par le conseil général, qui le choisit parmi les conseillers généraux, les maires et les membres des chambres de commerce ou des chambres consultatives des arts et manufactures de la circonscription du comité.

Les deux autres tiers sont désignés, dans les conditions déterminées par un arrêté du Ministre du Commerce, de l'Industrie et du Travail, pris après avis du comité permanent du conseil supérieur, visé à l'ar-

ticle 14 de la présente loi, parmi les personnes spécialement versées
dans les questions de prévoyance, d'hygiène, de construction et d'économie sociale.

Ces comités ainsi constitués font leur règlement, qui est soumis à l'approbation du préfet. Ils désignent leur président et leur secrétaire. Ce
dernier peut être pris en dehors du comité.

Ces comités sont nommés pour trois ans.

Leur mandat peut être renouvelé.

ART. 3. Ces comités peuvent recevoir des subventions de l'État, des
départements et des communes, ainsi que des dons et legs, aux conditions prescrites par l'article 910 du Code civil pour les établissements
d'utilité publique.

Toutefois, ils ne peuvent posséder d'autres immeubles que celui qui
est nécessaire à leurs réunions.

Ils peuvent faire des enquêtes, ouvrir des concours d'architecture, distribuer des prix d'ordre et de propreté, accorder des encouragements
pécuniaires et, plus généralement, employer les moyens de nature à provoquer l'initiative en faveur de la construction et de l'amélioration des
maisons à bon marché.

Dans le cas où ces comités cesseraient d'exister, leur actif après liqui-
dation pourra être dévolu, sur l'avis du conseil supérieur institué à l'article 14 ci-après, aux sociétés de construction des habitations à bon
marché, aux associations de prévoyance et aux bureaux de bienfaisance
de la circonscription.

ART. 4. Le département doit subvenir aux frais de local et de bureau
des comités, ainsi qu'aux frais de déplacement nécessaires pour l'application de la présente loi suivant le tarif et dans les conditions déterminées par le conseil général.

Il peut prendre à sa charge les jetons de présence qui seraient alloués,
à titre d'indemnité de déplacement, aux membres des comités n'habitant
pas la localité où se tiendraient les réunions.

ART. 5. Les avantages concédés par la présente loi s'appliquent aux
maisons destinées à l'habitation collective lorsque la valeur locative réelle
de chaque logement ne dépasse pas, au moment de la construction, le
chiffre fixé, pour chaque commune, tous les cinq ans, par une commission siégeant au chef-lieu du département et composée d'un juge au
tribunal civil, d'un conseiller général et d'un agent des contributions

directes, désignés par le préfet. Les maires seront admis à présenter verbalement ou par écrit leurs observations sur la fixation de cette valeur locative, dans leurs communes respectives.

Ce chiffre ne peut être supérieur aux maxima déterminés ci-après, ni inférieur de plus d'un quart auxdits maxima :

1° Communes au-dessous de 1,001 habitants, 140 francs ;

2° Communes de 1,001 à 2,000 habitants, 200 francs ;

3° Communes de 2,001 à 5,000 habitants, 225 francs ;

4° Communes de 5,001 à 30,000 habitants et banlieue des communes de 30,001 à 200,000 habitants, dans un rayon de 10 kilomètres, 250 francs ;

5° Communes de 30,001 à 200,000 habitants, banlieue des communes de 200,001 habitants et au-dessus dans un rayon de 15 kilomètres, et grande banlieue de Paris, c'est-à-dire communes dont la distance aux fortifications est supérieure à 15 kilomètres et n'excède pas 40 kilomètres, 325 francs ;

6° Petite banlieue de Paris, dans un rayon de 15 kilomètres, 400 francs ;

7° Communes de 200,001 habitants et au-dessus, 440 francs ;

8° Ville de Paris, 550 francs.

Le bénéfice de la loi est acquis par cela seul que la destination principale de l'immeuble est d'être affecté à des habitations à bon marché. Toutefois, les exonérations d'impôts accordées par l'article 9 de la présente loi ne s'appliqueront qu'aux parties de l'immeuble réellement occupées par des logements à bon marché.

Bénéficieront également des avantages de la loi les maisons individuelles dont la valeur locative réelle ne dépassera pas de plus d'un cinquième le chiffre déterminé par la commission ci-dessus prévue. Seront considérés comme dépendances de la maison pour l'application de la loi, sauf en ce qui concerne l'exemption temporaire d'impôt foncier, les jardins d'une superficie de 5 ares au plus attenant aux constructions ou les jardins de 10 ares au plus non attenant aux constructions et possédés dans la même localité par les mêmes propriétaires.

Pour l'application de la présente loi, la valeur locative des maisons ou logements sera déterminée par le prix de loyer porté dans les baux, augmenté, le cas échéant, du montant des charges autres que celles de salubrité (eau, vidange, etc.) et d'assurance contre l'incendie ou sur la vie. S'il n'existe pas de bail, la valeur locative des maisons individuelles sera fixée à cinq cinquante-six pour cent (5.56 p. 100) du prix de revient réel de l'immeuble. Les propriétaires devront justifier de l'exactitude des bases d'évaluation par la production de tous documents utiles (baux, contrats, devis, mémoires, etc.). A défaut de justifications ou en cas de justifications insuffisantes, la valeur locative sera déterminée suivant les règles prévues par l'article 12, § 3, de la loi du 15 juillet 1880.

Les comités de patronage certifieront la salubrité des maisons et logements qui doivent bénéficier des avantages de la loi. S'ils refusent ce certificat ou s'ils négligent de le délivrer dans les trois mois de la demande qui leur en sera faite, les intéressés pourront se pourvoir devant le Ministre du Commerce, de l'Industrie et du Travail, qui statuera, après avis du préfet et du comité permanent. Ils pourront soumettre à l'approbation du Ministre du Commerce, de l'Industrie et du Travail des règlements indiquant les conditions que devront remplir les constructions pour être agréées.

ART. 6. Les bureaux de bienfaisance et d'assistance, les hospices et hôpitaux peuvent, avec l'autorisation du préfet, employer une fraction de leur patrimoine, qui ne pourra excéder un cinquième, soit à la construction de maisons à bon marché, soit en prêts aux sociétés de construction de maisons à bon marché et aux sociétés de crédit qui, ne construisant pas elles-mêmes, ont pour objet de faciliter l'achat, la construction ou l'assainissement de ces maisons, soit en obligations ou actions de ces sociétés, lesdites actions entièrement libérées et ne pouvant dépasser les deux tiers du capital social.

Les communes et les départements peuvent employer leurs ressources en prêts, en obligations, ou, dans les conditions ci-dessus spécifiées, en actions, sous réserve : 1° que les maisons ne puissent être aliénées au-dessous du prix de revient, ni louées à des prix inférieurs à quatre pour cent (4 p. 100) de ce prix; ce revenu sera considéré comme un revenu net de toutes charges et notamment de l'amortissement en trente années pour les maisons individuelles et en soixante années pour les maisons collectives; 2° que ces emplois de fonds soient préalablement approuvés par décision du Ministre du Commerce, de l'Industrie et du Travail, après avis du comité permanent du Conseil supérieur des habitations à bon marché, aux délibérations duquel participera, pour ces affaires, le directeur de l'administration départementale et communale au Ministère de l'Intérieur.

Sous réserve d'approbation dans les mêmes formes, les communes et les départements peuvent faire apport aux sociétés susvisées de terrains ou de constructions, pourvu que la valeur attribuée à ces apports ne soit pas inférieure à leur valeur réelle, établie par expertise.

Ils peuvent de même : 1° céder de gré à gré aux sociétés susvisées des terrains ou constructions, sans que le prix de cession puisse être inférieur à la moitié de leur valeur réelle établie par expertise; 2° garantir, jusqu'à concurrence de trois pour cent (3 p. 100) au maximum, le dividende des actions ou l'intérêt des obligations desdites sociétés pendant dix années au plus à compter de leur constitution.

La Caisse des dépôts et consignations reste autorisée à employer, jusqu'à concurrence du cinquième, le fonds de réserve et de garantie des caisses d'épargne en obligations négociables des sociétés de construction et de crédit visées au présent article.

Art. 7. La caisse d'assurance en cas de décès, instituée par la loi du 11 juillet 1868, est autorisée à passer, avec les acquéreurs ou les constructeurs de maisons à bon marché, qui se libèrent du prix de leur habitation au moyen d'annuités, des contrats d'assurances temporaires ayant pour but de garantir à la mort de l'assuré, si elle survient dans la période d'années déterminée, le payement de tout ou partie des annuités restant à échoir.

Le chiffre maximum du capital assuré est égal au prix de revient de l'habitation à bon marché. Si l'assurance est contractée au moyen d'une prime unique, dont le prêteur bénéficiaire fait l'avance à l'emprunteur, le chiffre maximum indiqué ci-dessus est augmenté de la prime unique nécessaire pour assurer à la fois ledit chiffre et cette dernière prime. La prime d'assurance sera versée directement à la caisse nationale par le prêteur bénéficiaire lors de la souscription de l'assurance.

Tout signataire d'une proposition d'assurance faite dans les conditions du paragraphe 1er du présent article devra répondre aux questions et se soumettre aux constatations médicales qui lui seront prescrites par les polices. En cas de rejet de la proposition, la décision ne devra pas être motivée. L'assurance produira son effet dès la signature de la police.

La somme assurée sera, dans le cas du présent article, cessible en totalité dans les conditions fixées par les polices.

La durée du contrat devra être fixée de manière à ne reporter aucun payement éventuel de prime après l'âge de soixante-cinq ans.

Art. 8. Lorsqu'une maison individuelle construite dans les conditions édictées par la présente loi figure dans une succession et que cette maison est occupée au moment du décès de l'acquéreur ou du constructeur par le défunt, son conjoint ou l'un de ses enfants, il est dérogé aux dispositions du Code civil, ainsi qu'il est dit ci-après :

1° Si le conjoint survivant est copropriétaire de la maison, au moins pour la moitié, et s'il l'habite au moment du décès, l'indivision peut, à sa demande, être maintenue pendant cinq ans à partir du décès et continuée ensuite de cinq ans en cinq ans jusqu'à son propre décès.

Si la disposition de l'alinéa précédent n'est point appliquée et si le défunt laisse des descendants, l'indivision peut être maintenue, à la demande du conjoint ou de l'un de ses descendants, pendant cinq années à partir du décès.

Dans le cas où il se trouve des mineurs parmi les descendants, l'indivision peut être continuée pendant cinq années à partir de la majorité de l'aîné des mineurs, sans que sa durée totale puisse, à moins d'un consentement unanime, excéder dix ans.

Dans ces divers cas, le juge de paix prononce le maintien ou la continuation de l'indivision, après avis du conseil de famille, s'il y a lieu ;

2° Chacun des héritiers et le conjoint survivant, s'il a un droit de copropriété, a la faculté de reprendre la maison sur estimation. Lorsque plusieurs intéressés veulent user de cette faculté, la préférence est accordée d'abord à celui que le défunt a désigné, puis à l'époux, s'il est propriétaire pour moitié au moins. Toutes choses égales, la majorité des intéressés décide. A défaut de majorité, il est procédé par voie de tirage au sort. S'il y a contestation sur l'estimation de la maison, cette estimation est faite par le comité de patronage et homologuée par le juge de paix. Si l'attribution de la maison doit être faite par la majorité ou par le sort, les intéressés y procèdent sous la présidence du juge de paix, qui dresse procès-verbal des opérations.

Les dispositions du présent article sont applicables à toute maison, quelle que soit la date de sa construction, dont la valeur locative n'excédera pas les limites fixées par l'article 5.

Art. 9. Sont affranchies de la contribution foncière et de la contribution des portes et fenêtres les maisons individuelles ou collectives destinées à être louées ou vendues et celles construites par les intéressés eux-mêmes, pourvu qu'elles remplissent les conditions prévues par l'article 5. Cette exemption sera d'une durée de douze années à compter de l'achèvement de la maison. Elle cesserait de plein droit si, par suite de transformations ou d'agrandissements, l'immeuble perdait le caractère d'une habitation à bon marché et acquérait une valeur sensiblement supérieure au maximum légal.

Pour être admis à jouir du bénéfice de la présente loi, on devra produire, dans les formes et les délais fixés par l'article 9, § 3, de la loi du 8 août 1890, une demande qui sera instruite et jugée comme les réclamations pour décharge et réduction de contributions directes. Cette demande pourra être formulée dans la déclaration exigée par le même article de ladite loi de tout propriétaire ayant l'intention d'élever une construction passible de l'impôt foncier.

- Les parties des bâtiments dont il est question au présent article destinées à l'habitation personnelle donneront lieu, conformément à l'article 2 de la loi du 4 août 1844, à l'augmentation du contingent départemental dans la contribution personnelle-mobilière à raison du vingtième de leur valeur locative réelle, à dater de la troisième année de l'achèvement des bâtiments, comme si ces bâtiments ne jouissaient que de l'immunité ordinaire d'impôt foncier accordée par l'article 88 de la loi du 3 frimaire an VII aux maisons nouvellement construites ou reconstruites.

Sont exemptées de la taxe établie par l'article 1er de la loi du 20 février 1849, dans les termes de la loi du 14 décembre 1875 et par dérogation à l'article 2 de la loi du 31 mars 1903, les sociétés, quelle qu'en soit la forme, qui ont pour objet exclusif la construction et la vente des maisons auxquelles s'applique la présente loi.

La taxe continuera à être perçue pour les maisons exploitées par la société ou mises en location par elle.

Art. 10. Les actes constatant la vente de maisons individuelles à bon marché, construites par les bureaux de bienfaisance et d'assistance, hospices ou hôpitaux, les caisses d'épargne, les sociétés de construction ou par des particuliers, sont soumis aux droits de mutation établis par les lois en vigueur.

Toutefois, lorsque le prix aura été stipulé payable par annuités, la perception de ce droit pourra, sur la demande des parties, être effectuée en plusieurs fractions égales, sans que le nombre de ces fractions puisse excéder celui des annuités prévues au contrat ni être supérieur à cinq. Il sera justifié par un certificat du maire de la commune de la situation que l'immeuble a été reconnu exempt de l'impôt foncier, par application des articles 5 et 9, ou que, tout au moins, une demande d'exemption a été formée dans les conditions prévues par ces articles. Ce certificat sera délivré sans frais, en double original, dont l'un sera annexé au contrat de vente et l'autre déposé au bureau de l'enregistrement, lors de l'accomplissement de la formalité.

Le payement de la première fraction du droit aura lieu au moment où le contrat sera enregistré ; les autres fractions seront exigibles d'année en année et seront acquittées dans le trimestre qui suivra l'échéance de chaque année, de manière que la totalité du droit soit acquittée dans l'espace de quatre ans et trois mois au maximum, à partir du jour de l'enregistrement du contrat.

Si la demande d'exemption d'impôt foncier qui a motivé le fractionnement de la perception vient à être définitivement rejetée, les droits non encore acquittés seront immédiatement recouvrés.

Dans le cas où, par anticipation, l'acquéreur se libérerait entièrement du prix avant le payement intégral du droit, la portion restant due deviendrait exigible dans les trois mois du règlement définitif. Les droits seront dus solidairement par l'acquéreur et le vendeur.

L'enregistrement des actes visés au présent article sera effectué dans les délais fixés et, le cas échéant, sous les peines édictées par les lois en vigueur. Tout retard dans le payement de la seconde fraction ou des fractions subséquentes des droits rendra immédiatement exigible la totalité des sommes restant dues au Trésor. Si la vente est résolue avant le payement complet des droits, les termes acquittés ou échus depuis plus de trois mois demeureront acquis au Trésor ; les autres tomberont en non-valeur.

La résolution volontaire ou judiciaire du contrat ne donnera ouverture qu'au droit fixe de trois francs (3 fr.).

Art. 11. Les actes nécessaires à la constitution et à la dissolution des associations de construction ou de crédit actuellement existantes ou à créer, telles qu'elles sont définies dans la présente loi, sont dispensés du timbre et enregistrés gratis, s'ils remplissent les conditions prévues par l'article 68, § 3, n° 4, de la loi du 22 frimaire an VII. Les pouvoirs en vue de la représentation aux assemblées générales sont dispensés du timbre. Ces sociétés sont exonérées des droits de timbre pour leurs titres d'actions et d'obligations. Toutefois elles restent soumises au droit de timbre-quittance, établi par l'article 18 de la loi du 23 août 1871.

Art. 12. Les mêmes sociétés sont dispensées de toute patente et de l'impôt sur le revenu, attribué aux actions, parts d'intérêts et obligations.

Art. 13. Les sociétés ne seront admises au bénéfice de ces diverses faveurs qu'autant que leurs statuts approuvés par le Ministre du Commerce, de l'Industrie et du Travail, sur les avis du comité de patronage et du conseil supérieur institué par l'article 14, limiteront leurs dividendes annuels à un chiffre maximum. Toutefois ces avis ne seront pas nécessaires lorsque les statuts seront conformes aux statuts-types arrêtés par le Ministre du Commerce, de l'Industrie et du Travail, après avis du comité permanent.

L'approbation pourra être retirée dans la même forme, s'il est établi après enquête que les sociétés font des opérations de construction ou de crédit sur des maisons qui ne répondent pas aux conditions prévues par la présente loi.

Les sociétés actuellement existantes jouiront, au même titre que celles qui se fonderont après la promulgation de la loi, des faveurs et immunités qu'elle concède, à la condition de modifier leurs statuts, le cas échéant, conformément à ses prescriptions.

Art. 14. Il est constitué, auprès du Ministre du Commerce, de l'Industrie et du Travail, un conseil supérieur des habitations à bon marché auquel doivent être soumis tous les règlements à faire en vertu de la présente loi et, d'une façon générale, toutes les questions concernant les logements économiques.

Les comités de patronage lui adresseront chaque année, dans le courant de janvier, un rapport détaillé sur leurs travaux. Le conseil supérieur en donnera le résumé, avec ses observations, dans un rapport d'ensemble adressé au Président de la République.

Art. 15. Un règlement d'administration publique détermine les mesures propres à assurer l'application des dispositions qui précèdent, et notamment : 1° l'organisation et le fonctionnement du conseil supérieur des habitations à bon marché et des comités de patronage; 2° les dispositions que doivent contenir les statuts des sociétés de construction et de crédit, pour que ces sociétés puissent bénéficier des faveurs de la loi; 3° les conditions dans lesquelles la caisse d'assurance en cas de décès peut organiser des assurances temporaires; 4° la procédure à suivre pour l'application de l'article 8.

Art. 16. Les emplois en valeurs locales autorisés par l'article 10 de la loi du 20 juillet 1895 sont étendus : 1° aux actions des sociétés visées à l'article 6, pourvu que les actions ainsi acquises soient entièrement libérées et ne puissent dépasser les deux tiers du capital social; 2° à des prêts hypothécaires, amortissables par annuités, au profit de particuliers désireux d'acquérir ou de construire des habitations à bon marché, dans les termes de la présente loi.

Les diverses facultés d'emplois de fonds prévues pour les habitations à bon marché par l'article 10 de la loi du 20 juillet 1895 et par le présent article s'appliqueront dans les mêmes conditions : 1° pour les jardins ouvriers dont la contenance n'excédera pas 10 ares; 2° pour l'établissement de bains-douches destinés aux personnes visées à l'article 1ᵉʳ.

Aʀт. 17. La présente loi est applicable à l'Algérie.

Aʀт. 18. Les lois des 30 novembre 1894 et 31 mars 1896 sont abrogées.

Toutefois, elles restent applicables à toutes les habitations qui se trouvent actuellement en situation d'en bénéficier.

DÉCRET DU 10 JANVIER 1907

PORTANT RÈGLEMENT D'ADMINISTRATION PUBLIQUE

POUR L'EXÉCUTION

DE LA LOI DU 12 AVRIL 1906

RELATIVE

AUX HABITATIONS À BON MARCHÉ.

Le Président de la République française,

Sur le rapport du Ministre du travail et de la prévoyance sociale,

Vu les lois des 30 novembre 1894 et 31 mars 1896;

Vu le décret du 21 septembre 1895, portant règlement d'administration publique pour l'exécution de la loi du 30 novembre 1894;

Vu la loi du 12 avril 1906, relative aux habitations à bon marché, et notamment l'article 15;

Vu l'avis du Conseil supérieur des habitations à bon marché;

Vu l'avis de la Commission supérieure des caisses d'assurances en cas de décès et d'accidents;

Vu les avis du Garde des sceaux, Ministre de la justice, du Ministre de l'intérieur et du Ministre des finances;

Le Conseil d'État entendu,

Décrète :

TITRE PREMIER.

COMITÉS DE PATRONAGE DES HABITATIONS À BON MARCHÉ ET DE LA PRÉVOYANCE SOCIALE.

Article premier. Les comités de patronage des habitations à bon marché et de la prévoyance sociale, institués par décret du Président de la République et composés suivant les formes prescrites par l'article 2 de la loi du 12 avril 1906, sont installés par le Préfet ou par le Sous-Préfet.

Art. 2. Dans sa première séance, le comité désigne son président et, s'il y a lieu, un vice-président.

Il nomme aussi un secrétaire qui peut être pris en dehors du comité.

Art. 3. Le comité délibère valablement, lorsque la moitié plus un des membres qui le composent sont présents.

Les délibérations sont prises à la majorité absolue des votants. S'il y a partage, la voix du président est prépondérante.

En cas de vacance provenant de démission ou de décès, il y est pourvu, selon les catégories, soit par désignation du conseil général dans la session qui suivra, soit dans les conditions déterminées par l'arrêté ministériel prévu à l'article 2 de la loi.

Art. 4. Le comité se réunit sur convocation du président, quand les besoins l'exigent ou lorsque trois membres le demandent par écrit.

Il doit se réunir au moins quatre fois par an, sans qu'il puisse s'écouler plus de quatre mois dans l'intervalle de deux sessions. A défaut de convocation pendant plus de quatre mois, ou en cas d'affaire urgente, le Préfet devra convoquer le comité.

Tout membre qui s'abstiendra de se rendre à trois convocations successives, sans motif reconnu légitime par le comité, sera déclaré démissionnaire par le Préfet.

Art. 5. En cas de démission simultanée de plus de la moitié des membres du Comité, le comité permanent du Conseil supérieur, saisi par un rapport du préfet au Ministre, émettra son avis sur la dissolution du comité.

Il en sera de même si après deux convocations successives, la seconde par lettre recommandée, ce comité ne se trouvait pas en nombre pour délibérer, ou s'il commettait des abus graves dans l'exercice de ses fonctions.

Art. 6. A titre transitoire et jusqu'à la constitution des comités de patronage des habitations à bon marché et de la prévoyance sociale, il pourra être suppléé à leur avis, dans les cas prévus aux articles 5 et 13 de la loi du 12 avril 1906, par l'avis du comité local institué en vertu de la loi du 30 novembre 1894 ou, à défaut, par décision ministérielle prise après avis du comité permanent et sur la proposition du Préfet.

Art. 7. Dans le courant de janvier, le comité adresse au Ministre du travail et de la prévoyance sociale, par l'intermédiaire du Préfet, un rapport détaillé sur ses travaux et l'état de sa situation financière, avec les comptes de l'exercice écoulé et le budget de l'exercice courant.

Art. 8. Pour l'exécution des dispositions prévues aux articles 3 et 5 de la loi, le comité pourra, s'il y a lieu, déléguer à une ou plusieurs personnes telle mission spéciale à laquelle ses membres ne seraient pas en mesure de procéder par eux-mêmes.

Art. 9. Les règlements qui seraient élaborés par le comité, en vertu du dernier paragraphe de l'article 5 de la loi, ne s'appliqueront qu'aux maisons qui auront été mises en construction plus de trois mois après la publication desdits règlements au *Recueil* des actes administratifs de la préfecture.

TITRE II.

SOCIÉTÉS RELATIVES AUX HABITATIONS À BON MARCHÉ. — CONCOURS DES ÉTABLISSEMENTS DE BIENFAISANCE, DES DÉPARTEMENTS ET DES COMMUNES.

Art. 10. Les sociétés ou institutions se consacrant à l'œuvre des habitations à bon marché, notamment les sociétés de construction ou de crédit, doivent, pour bénéficier des dispositions de la loi du 12 avril 1906, indiquer dans leurs statuts :

1° Qu'elles ont pour objet de réaliser, dans les conditions et pour l'application de ladite loi, soit l'acquisition, la construction, la vente ou la location d'habitations salubres et à bon marché, ainsi que de leurs dépendances ou annexes, telles que jardins, bains et lavoirs; soit l'amélioration et l'assainissement d'habitations existantes, et la vente ou la location de jardins formant dépendances des habitations, soit l'achat d'immeubles destinés à ces usages;

2° Que les dividendes sont limités à 4 p. o/o au plus;

3° Que les statuts, ainsi que toute modification qui y serait apportée, doivent être approuvés par le Ministre du travail et de la prévoyance sociale, dans les conditions prévues à l'article 13 de la loi;

4° Que, dans les trois mois qui suivent la clôture de chaque exercice, le compte rendu de l'assemblée générale de la société, accompagné du bilan, sera adressé, par l'intermédiaire du Préfet, au Ministre du travail et de la prévoyance sociale, pour être soumis au comité permanent.

Art. 11. Le cinquième du patrimoine des établissements de bienfaisance qui pourra être employé conformément aux dispositions du paragraphe 1ᵉʳ de l'article 6 de la loi devra être calculé d'après le cours de la Bourse, pour les valeurs mobilières et, pour les immeubles, d'après l'évaluation qui en sera faite par un expert nommé par le Préfet.

Les immeubles affectés aux services d'assistance ne seront pas compris dans cette évaluation et n'entreront pas en ligne de compte.

Les biens mobiliers ou immobiliers provenant de fondations et grevés d'une charge spéciale n'entreront en ligne de compte que sous déduction de la somme nécessaire pour faire face à ces charges.

En aucun cas, la somme dont les bureaux de bienfaisance, hospices et hôpitaux pourront ainsi disposer ne dépassera le montant de leur fortune mobilière.

Art. 12. Lorsqu'il y a lieu à expertise dans les conditions prévues par les troisième et quatrième alinéas de l'article 6 de la loi du 12 avril 1906, l'expert est désigné par le Préfet.

TITRE III.

DISPOSITIONS RELATIVES AUX ASSURANCES.

Art. 13. L'acquéreur, le locataire avec promesse de vente, ou le constructeur d'une habitation à bon marché qui veut garantir par une assurance le payement de tout ou partie des annuités d'amortissement restant à échoir au moment de son décès adresse une proposition au Directeur général de la Caisse des dépôts et consignations.

Les propositions d'assurances peuvent être transmises soit directement, soit par les comités de patronage ou par les sociétés de construction ou de crédit. Ces comités ou sociétés pourront également servir d'intermédiaire entre les assurés et la Caisse d'assurance pour toutes les opérations ultérieures.

Art. 14. Les propositions d'assurances, les polices définitives et les versements de primes sont reçus : à la Direction générale de la Caisse des dépôts et consignations, à Paris; chez les trésoriers-payeurs généraux et les receveurs particuliers des finances, dans les départements; chez le Trésorier général, les payeurs principaux et les payeurs particuliers, en Algérie.

Les propositions d'assurances sont également reçues par les percepteurs des contributions directes.

Sur la demande faite par l'assuré au Directeur général de la Caisse des dépôts et consignations, les percepteurs peuvent être autorisés à recevoir les polices définitives et à encaisser les primes.

ART. 15. Le souscripteur produit à l'appui de sa proposition :

1° Un extrait sur papier libre de son acte de naissance;

2° Le tableau des sommes à assurer annuellement;

Le souscripteur communique en outre le contrat d'acquisition, de location avec promesse de vente ou de prêt passé soit avec une société de construction ou de crédit, soit avec un particulier.

Si le contrat produit n'indique pas de quelle façon sera opérée la libération des engagements pris par l'acquéreur de l'habitation à bon marché, il devra être accompagné de pièces permettant à la Caisse nationale de se rendre compte de la marche de cette libération.

La proposition est datée et signée par le proposant où revêtue, soit par le préposé de la Caisse des dépôts et consignations, soit par le représentant du Comité ou de la société, d'une mention énonçant que le proposant ne sait ou ne peut signer.

Elle comprend l'engagement de répondre aux questions et de se soumettre aux constatations médicales qui seront prescrites par les polices.

Elle contient en outre la déclaration que l'immeuble faisant l'objet de l'assurance a bien le caractère de l'habitation à bon marché tel que le définit la loi par son article 5.

ART. 16. Après vérification de la proposition, le souscripteur reçoit avis du montant de la prime unique ou des primes annuelles au moyen desquelles il pourra garantir le payement des sommes indiquées au tableau produit à l'appui de la proposition, et l'autorisation de se présenter chez le médecin, qui devra procéder à l'examen médical.

Avis de cette autorisation est donné en même temps au médecin.

L'assurance devra être souscrite dans un délai de deux mois après l'examen médical; passé ce délai, le proposant aura à se soumettre à un nouvel examen.

ART. 17. Dans chaque canton où les habitations à bon marché seront construites, il sera désigné par le préfet un ou plusieurs médecins visiteurs assermentés et chargés d'examiner les proposants.

Leur serment sera reçu soit par le préfet ou le sous-préfet, soit par le juge de paix du canton où résidera le médecin.

Le tarif de la visite médicale sera fixé par un arrêté du préfet du département.

Art. 18. Le proposant, s'il n'est pas personnellement connu du médecin visiteur, doit, en se présentant chez celui-ci, justifier de son identité, soit par l'attestation de deux témoins imposés au rôle des contributions directes de la commune, soit par la présentation de pièces d'identité.

Pour chaque cas particulier, le directeur général de la Caisse des dépôts et consignations détermine celles de ces justifications que devra produire le proposant.

Le médecin doit constater, sur le questionnaire destiné à recevoir les résultats de son examen, les justifications qui lui ont été fournies par le proposant.

Art. 19. Après constatation de l'identité, le médecin adresse au proposant les questions contenues dans la première partie du questionnaire, et il y consigne les réponses qui lui sont faites; il fait signer cette première partie par le proposant, après lui en avoir donné connaissance. Si ce dernier ne peut ou ne sait signer, le médecin en fait mention. Il procède ensuite à l'examen médical, inscrit le résultat de ses observations dans la seconde partie du questionnaire, signe et adresse le tout au Directeur général de la Caisse des dépôts et consignations.

Art. 20. Le directeur général de la Caisse des dépôts et consignations décide, s'il y a lieu, d'accepter l'assurance ou de la refuser.

Dans le premier cas, il transmet au comptable désigné dans la proposition d'assurance la police en double expédition et un extrait de cette police qui servira au payement des primes; il invite en même temps le proposant à se présenter chez ce comptable pour y signer les polices et y effectuer le versement de la première prime d'assurance.

Dans le second cas, il informe le proposant de son refus, qui ne doit jamais être motivé.

Art. 21. La police d'assurance énonce les nom, prénoms, profession et domicile de l'assuré, ainsi que le lieu et la date de sa naissance.

Elle mentionne la durée de l'assurance, la prime unique ou les primes annuelles que l'assuré devra payer aux dates fixées par le contrat, et le montant, pour chaque période annuelle, de la somme que la caisse aurait à payer en cas de décès de l'assuré pendant cette période.

Elle indique que l'assurance doit profiter soit aux ayants-droits de l'assuré, soit à un bénéficiaire désigné.

Enfin elle porte l'engagement réciproque, pris par l'assuré, d'acquitter les primes aux dates convenues et, par la caisse d'assurance en cas de décès, représentée par le directeur général de la Caisse des dépôts et consignations, d'effectuer le payement des sommes assurées en se conformant, de part et d'autre, aux conditions particulières du contrat et aux conditions générales imprimées dans la police.

Les deux expéditions de la police sont signées par l'assuré.

Si l'assuré ne peut ou ne sait signer, il en est fait mention sur les deux expéditions de la police par le préposé de la Caisse des dépôts et consignations.

Si un bénéficiaire est désigné, il peut donner son acceptation, au moment de la signature de la police, en inscrivant sur les deux expéditions de cet acte la mention : « Vu et accepté, le bénéficiaire », suivie de sa signature. Cette formalité n'est pas nécessaire si le bénéficiaire a déjà donné son acceptation sur la proposition d'assurance.

En cas de mort du bénéficiaire désigné, le bénéfice de l'assurance passe à ses héritiers ou ayants droit, à moins de stipulation contraire faite au moment de la souscription de l'assurance ou ultérieurement dans les conditions énoncées à l'article 37 ci-après.

Le contrat d'assurance produit son effet à partir du payement de la prime unique ou de la première prime, suivi de la signature de la police par l'assuré ou par son mandataire spécial.

Art. 22. L'assurance peut être contractée soit au moyen d'une prime unique, soit au moyen de primes annuelles proportionnelles au risque de chaque année, soit au moyen de primes annuelles constantes à payer pendant une partie de l'assurance et dont le montant ne devra pas être inférieur au plus fort risque annuel.

Art. 23. Les primes annuelles, autres que la première, sont acquittées, chaque année, à l'échéance fixée par la police.

Art. 24. A toute époque, l'assuré peut convertir ses primes annuelles variables ou constantes en une prime unique.

Il peut également convertir ses primes variables en primes constantes dont le montant ne devra pas être inférieur au plus fort risque annuel qui reste à courir.

La modification est constatée par un avenant à la police d'assurance.

Art. 25. Dans l'application des tarifs, la prime est fixée d'après l'âge de l'assuré à l'échéance de la prime. L'assuré est considéré comme ayant à cette échéance son année d'âge accomplie, plus une demi-année.

Art. 26. Les primes peuvent être acquittées par les sociétés de construction ou de crédit bénéficiaires de l'assurance et par toute personne munie de l'extrait de la police remis à l'assuré en vue du payement des primes.

La société ou le mandataire verbal qui effectue simultanément des versements de primes ultérieures pour le compte de plusieurs assurés produit un bordereau nominatif donnant le détail des primes versées.

Art. 27. Le versement de chaque prime, effectué soit à la Caisse des dépôts et consignations, soit chez les trésoriers-payeurs généraux et les receveurs particuliers, en France, soit chez le trésorier général, les payeurs principaux et les payeurs particuliers, en Algérie, est constaté par un récépissé à talon délivré par le comptable qui reçoit le versement.

Art. 28. Lorsque le versement doit être effectué entre les mains d'un percepteur autorisé à cet effet, conformément à l'article 14 ci-dessus, le directeur général de la Caisse des dépôts et consignations transmet un titre de perception à ce comptable.

Le percepteur ne peut faire aucun encaissement de prime sans être nanti de ce titre de perception.

Le versement de chaque prime effectué dans ces conditions est constaté par une quittance extraite du journal à souche.

Art. 29. Le payement des primes peut également être opéré à la Caisse des dépôts et consignations, au moyen de mandats-poste transmis par les intéressés. Il en est délivré un récépissé à talon.

Art. 30. A défaut de payement d'une prime annuelle dans les trente jours, il est dû des intérêts de retard au taux de 4 p. o/o à partir de l'échéance.

Art. 31. Si la prime n'est pas acquittée dans les trois mois qui suivent l'échéance, le contrat est suspendu de plein droit dix jours après l'envoi par lettre recommandée d'une mise en demeure restée sans effet et résolu vingt jours après l'expiration de ce premier délai.

Dans le cas de résolution, et si l'assurance a été contractée au moyen
de primes annuelles constantes, la réserve mathématique du contrat au
moment de la résolution est affectée à l'assurance d'une fraction des
sommes restant à garantir annuellement. Celles-ci sont toutes réduites
dans un rapport tel, que, calculée sur les bases du tarif en vigueur lors
du contrat primitif, la prime unique de l'assurance ainsi réduite soit
égale à ladite réserve.

Art. 32. Toute réticence, toute fausse déclaration de la part de l'assuré, soit dans la proposition d'assurance, soit dans les réponses faites
au médecin visiteur et qui seraient de nature à atténuer l'importance du
risque ou à tromper sur l'identité de l'assuré, entraînent l'annulation de
l'assurance, sans préjudice des poursuites qui pourraient être exercées
conformément aux lois pénales.

Dans le cas où l'assurance est annulée pour les motifs énoncés dans
le paragraphe précédent, la portion des primes versées afférente aux
risques postérieurs à la date d'annulation du contrat est remboursée
sans intérêts à l'assuré en présence du bénéficiaire de l'assurance, s'il y
a lieu.

Art. 33. En cas de résiliation du contrat d'acquisition ou de prêt, ou
de libération anticipée totale des sommes dues par l'assuré à son prêteur,
la police peut être résolue à la date de l'échéance suivante, et, si l'assurance a été contractée au moyen d'une prime unique ou de primes annuelles constantes, il est remboursé une somme égale à la valeur, à cette
date, de la réserve mathématique du contrat calculée d'après le tarif en
vigueur au début de l'assurance.

Ce payement est effectué sur la quittance de l'assuré et, s'il y a un
bénéficiaire désigné, sur la quittance collective de l'assuré et du bénéficiaire de l'assurance ou de ses ayants droit.

Art. 34. En cas de décès de l'assuré les sommes garanties par le contrat d'assurance sont payées aux ayants droits de l'assuré ou aux bénéficiaires désignés, sur la production du double de la police, de l'acte de
décès de l'assuré et d'un certificat de médecin constatant le genre de
maladie ou d'accident auquel l'assuré aura succombé.

Outre les pièces énumérées au paragraphe précédent, les ayants droit
de l'assuré ou, le cas échéant, les ayants droit du bénéficiaire ont à
produire un certificat de propriété délivré dans les formes et suivant les
règles prescrites par l'article 6 de la loi du 28 floréal an VII.

Art. 35. Si le décès de l'assuré résulte de suicide, de duel ou de condamnation judiciaire, l'assurance demeure sans effet et les primes versées, augmentées des intérêts simples calculés au taux du tarif, sont remboursées aux ayants droit dans les conditions indiquées à l'article précédent. Dans aucun cas, le montant du remboursement ne pourra excéder la somme restant garantie au moment du décès.

Art. 36. Les sommes dues par la caisse d'assurance sont payables : à Paris, à la Caisse des dépôts et consignations; dans les départements, chez les trésoriers-payeurs généraux et receveurs particuliers des finances; en Algérie, chez le trésorier général, les payeurs principaux et les payeurs particuliers.

Le payement a lieu sur une autorisation donnée par le directeur général de la Caisse des dépôts et consignations à qui la demande doit être adressée soit directement, soit par l'intermédiaire des préposés et agents désignés à l'article 14 ci-dessus.

Art. 37. Les cessions ou transports de tout ou partie du capital assuré, consentis par l'assuré ou le bénéficiaire en vertu de l'article 7, § 4, de la loi, ne pourront être faits que par acte notarié, sauf s'il s'agit soit d'une cession au profit de la Société d'habitations à bon marché ou du bailleur de fonds dont l'assuré est débiteur, soit d'un transport de bénéfice fait par cette Société au profit d'un des établissements qui, en vertu de l'article 6 de la loi, sont autorisés à consentir des prêts aux sociétés d'habitations à bon marché. Dans ces deux cas, la cession ou le transport s'effectuera par avenant à la police d'assurance.

Les actes de cession ou transport, ou tous autres actes ayant pour objet de mettre opposition au payement des sommes assurées, doivent être signifiés au directeur général de la Caisse des dépôts et consignations, à Paris.

Art. 38. La cession du bénéfice de la police d'assurance ne pourra être faite qu'au profit de la société de construction et de crédit, lorsque cette clause sera insérée dans l'acte de promesse de vente joint à la proposition d'assurance en vertu de l'article 15 ci-dessus.

Art. 39. Les registres matricules et les comptes individuels des assurés sont tenus à la Direction générale de la Caisse des dépôts et consignations, qui conserve le double des polices d'assurance et les pièces produites à l'appui, soit des propositions, soit des polices.

TITRE IV.

INDIVISION OU ATTRIBUTION DES IMMEUBLES EN CAS DE DÉCÈS.

Art. 40. Lorsqu'une maison individuelle, construite dans les conditions édictées par la loi du 12 avril 1906, figure dans une succession et que cette maison est occupée, au moment du décès de l'acquéreur ou du constructeur, par le défunt, son conjoint, ou l'un de ses enfants, il est pourvu à l'exécution de l'article 8 de la loi conformément aux dispositions ci-après, sous l'autorité du juge de paix du lieu de l'ouverture de la succession.

Art. 41. Le conjoint survivant ou l'héritier qui veut faire prononcer le maintien de l'indivision, ou l'attribution de la maison à son profit, en forme la demande par voie de déclaration au greffe de la justice de paix.

La déclaration doit contenir :

1° Les nom, prénoms, profession et domicile du requérant et la qualité en laquelle il agit ;

2° Les nom, prénoms, profession et domicile du conjoint survivant et de chacun des héritiers ou successeurs, à titre universel, ainsi que de leurs représentants légaux.

Elle est signée par le requérant et contresignée par le greffier.

Il y est joint un extrait du rôle de la contribution foncière ou un certificat du directeur des contributions directes attestant que la valeur locative de la maison ne dépasse pas les maxima déterminés par l'article 5 de la loi.

Le requérant doit, en outre, consigner une somme suffisante pour couvrir les frais immédiats de procédure. Le juge de paix en détermine, s'il y a lieu, le montant.

Art. 42. Lorsque le défunt aura laissé des héritiers mineurs ayant, au moment du décès, leur domicile dans le canton où la succession est ouverte, le conseil de famille, réuni comme il est dit à l'article 406 du Code civil, sera invité par le juge de paix à donner son avis sur le maintien de l'indivision, si ce maintien est demandé et si l'attribution de la maison n'est pas réclamée.

Si tous les intéressés sont présents, il pourra être procédé immédiatement et sans convocation spéciale de la façon prescrite par les articles 46 et suivants du présent règlement.

4.

Art. 43. Lorsque la succession s'ouvrira dans un canton autre que celui où les héritiers mineurs ont leur domicile, le juge de paix du lieu de l'ouverture de la succession transmettra au juge de paix du lieu où la tutelle s'est ouverte, ainsi qu'au tuteur, s'il y en a un, copie de la déclaration à l'effet d'appeler le conseil de famille à en délibérer.

Art. 44. Le juge de paix saisi de la demande convoque tous les intéressés, ou leurs représentants, par lettres recommandées expédiées par le greffier.

L'avis de réception de la poste est joint au dossier de l'affaire.

Les délais et formes de la comparution sont fixés conformément aux articles 411 et 412 du Code civil.

Art. 45. Si l'un des intéressés est sans domicile ni résidence connus, le juge de paix, à la requête de la partie la plus diligente, lui nomme un mandataire spécial, à moins que le tribunal, en vertu de l'article 113 du Code civil, n'ait déjà commis un notaire pour le représenter.

Art. 46. Au jour fixé, si toutes les parties sont d'avis de maintenir l'indivision pour un temps déterminé, il leur en est donné acte par le juge de paix. Le pacte d'indivision ainsi conclu est définitif, même au regard des mineurs et interdits, sans qu'il soit besoin d'homologation.

En cas de désaccord, le juge de paix statue, d'après les circonstances, en vue du plus grand intérêt de la famille, et, s'il y a lieu, prononce le maintien de l'indivision dans les limites fixées par la loi, à moins que l'attribution de la maison ne soit demandée par quelqu'un des héritiers ou le conjoint survivant.

Art. 47. S'il n'y a pas de contestation sur la valeur de l'immeuble et que toutes les parties soient présentes ou dûment averties, conformément à l'article 44 ci-dessus, majeures et maîtresses de leurs droits, le juge de paix prononce l'attribution à celle des parties qui l'a demandée.

Lorsqu'elle est requise par plusieurs ayants droit, le juge de paix vérifie s'il existe au profit de l'un d'eux une cause légale de préférence et, le cas échéant, prononce l'attribution soit à celui que le défunt a désigné, soit à l'époux survivant, s'il est copropriétaire au moins pour moitié.

Toutes choses égales, il met aux voix la désignation de l'attributaire, les héritiers qui viennent par représentation d'une même personne n'ayant droit ensemble qu'à un seul suffrage.

A défaut de majorité, il procède, séance tenante, au tirage au sort.

Il est sur-le-champ dressé procès-verbal de l'attribution, ainsi que des conventions relatives au payement des soultes et autres conditions accessoires.

Art. 48. S'il y a contestation sur la valeur de la maison, le juge de paix constate en son procès-verbal le désaccord des parties, sursoit à l'attribution et requiert le comité de patronage dans la circonscription duquel est situé l'immeuble, d'en faire l'estimation et de lui en adresser le rapport détaillé.

Il en est de même si quelqu'un des intéressés n'a pas reçu la convocation du juge de paix prévue par l'article 44 ci-dessus, ou s'il y a parmi eux des mineurs ou des interdits.

En cas de dissolution ou d'abstention du comité, l'estimation est faite par un expert nommé par le juge de paix.

Il en sera de même, jusqu'à la constitution des comités de patronage des habitations à bon marché et de la prévoyance sociale, à défaut d'estimation par un comité local prévu par la loi du 30 novembre 1894.

Art. 49. Sur le dépôt du rapport, les parties sont invitées à en prendre connaissance au greffe dans le délai de trente jours, puis convoquées à nouveau devant le juge de paix, le tout dans les formes prescrites à l'article 44 ci-dessus.

A défaut de conciliation, il fixe lui-même, d'après tous les éléments de la cause, le prix de la maison et procède, comme il est dit à l'article 47 ci-dessus, à son attribution.

Art. 50. Toutes décisions du juge de paix rendues par défaut sont notifiées aux parties défaillantes, sous pli recommandé, de la façon prescrite à l'article 44 ci-dessus.

L'opposition est recevable dans les huit jours de la réception de la lettre.

Art. 51. Il est alloué :

§ 1er. *Aux greffiers des justices de paix, frais et déboursés non compris.*

1° Par chaque envoi de lettres recommandées........... 0ᶠ 50

2° Pour la déclaration faite au greffe, tendant au maintien de l'indivision ou à l'attribution de l'immeuble............... 2 00

3° Pour copie de ladite déclaration..................... 1 00

4° Pour la rédaction du procès-verbal d'indivision ou d'attribution de l'immeuble (par chaque vacation)................ 4ᶠ oo

5° Pour dépôt du rapport à fin d'estimation de l'immeuble. . 2 oo

6° Pour recherche et communication sans déplacement dudit
rapport.. o 5o

7° Pour chaque copie du jugement (par rôle de copie)..... o 5o

§ 2. *Aux experts chargés de l'estimation de l'immeuble.*

1° Par vacation de trois heures, lorsqu'ils opéreront dans le canton
où ils sont domiciliés, ou même hors du canton, mais dans la distance
de 2 myriamètres.................................... 5ᶠ oo

2° Au delà de 2 myriamètres, en dehors du canton, il sera
alloué pour frais de voyage et de nourriture, soit pour l'aller,
soit pour le retour, par chaque myriamètre.............. 2 5o

3° Pour la prestation de serment et pour le dépôt du rapport, indépendamment du transport au chef-lieu de canton dans
le cas où il serait dû aux termes des dispositions qui précèdent. 2 oo

TITRE V.

IMMUNITÉS FISCALES.

Art. 52. Dans les deux mois de la promulgation du présent décret,
le Préfet procédera dans chaque département à la nomination de la commission prévue par l'article 5, § 1ᵉʳ, de la loi du 12 avril 1906.

Art. 53. Dans les trois mois de sa nomination, la commission fixera,
pour chaque commune, la valeur locative prévue par l'article 5 de la loi.
Les maires et le comité de patronage de la circonscription seront admis
à présenter leurs observations dans le délai fixé par arrêté préfectoral
inséré au *Recueil* des actes administratifs de la préfecture.

La valeur locative ainsi fixée ne sera applicable en chaque commune
qu'aux maisons mises en construction plus de trois mois après la publication dans la commune de l'arrêté préfectoral susvisé. Elle restera en
vigueur pendant cinq années à compter de cette publication.

Art. 54. Six mois au moins avant l'expiration de la cinquième
année, le Préfet procédera à la nomination d'une nouvelle commission
chargée de fixer pour une nouvelle période de cinq ans la valeur locative.

Art. 55. Le chiffre maximum de valeur locative déterminé pour les diverses catégories de communes par l'article 5 de la loi sera appliqué aux maisons qui auront été mises en construction soit avant que la publication prévue à l'article 53 ait pu être effectuée pour la première période, soit au cours des trois mois qui suivront ladite publication.

Art. 56. Pour l'application des dispositions de l'article 5 de la loi du 12 avril 1906, les catégories de communes sont déterminées d'après le chiffre de la population municipale totale, résultant du dernier dénombrement de la population.

Art. 57. Lorsque, à la suite d'un nouveau dénombrement, une commune passe dans une catégorie inférieure à celle dont elle faisait précédemment partie, les maisons reconnues exemptes de l'impôt, ou ayant fait l'objet d'une demande d'exemption avant le 1er janvier de l'année à partir de laquelle les résultats du nouveau dénombrement doivent être appliqués en matière de contributions directes, conservent leur droit à l'exemption, même si leur valeur locative est supérieure au maximum prévu à l'article 5 de la loi pour la catégorie dans laquelle la commune se trouve actuellement rangée.

Au cas de passage d'une commune dans une catégorie supérieure, le nouveau maximum ne devient également applicable qu'aux maisons construites postérieurement au 1er janvier de l'année pour laquelle les résultats du nouveau dénombrement reçoivent leur première application dans les rôles des contributions directes.

Les mêmes règles sont suivies dans le cas de réunion ou de division des communes.

Art. 58. Pour déterminer les communes situées dans la grande et la petite banlieue de Paris, on prendra la distance à vol d'oiseau qui sépare la mairie de la commune du point le plus rapproché des limites de la ville de Paris.

La banlieue des autres communes visées à l'article 5 de la loi sera déterminée par le Ministre après avis du comité permanent et sur la proposition du Préfet.

Art. 59. La demande d'exonération temporaire exigée par l'article 9 de la loi doit contenir la déclaration que la maison qui en fait l'objet est destinée à être occupée par une personne peu fortunée.

Elle devra être appuyée, dans un délai qui ne pourra dépasser trois mois à dater de l'achèvement de la construction, du certificat de salubrité prévu par le dernier paragraphe de l'article 5 de la loi.

Art. 60. L'exemption comprend à la fois le principal de l'impôt et les centimes additionnels de toute nature. Elle ne peut, dans aucun cas, être étendue au sol des maisons, ni aux cours ou jardins qui en dépendent.

Art. 61. Les immeubles admis à jouir du bénéfice de la loi, et qui viennent à être transformés ou agrandis, sont considérés comme ayant acquis une valeur sensiblement supérieure au maximum légal, quand leur nouvelle valeur locative dépasse de plus d'un dixième les maxima fixés à l'article 5 de la loi.

L'exemption d'impôt dont ils bénéficiaient cesse à partir du 1ᵉʳ janvier de l'année qui suit celle pendant laquelle les transformations ou agrandissements ont été opérés ; les impositions sont établies, s'il y a lieu, par voie de rôles particuliers.

Art. 62. Les dispositions du décret portant règlement d'administration publique en date du 21 septembre 1895 restent applicables aux immeubles qui se trouvaient admis à en bénéficier lors de la promulgation de la loi du 12 avril 1906.

Art. 63. Le Ministre du travail et de la prévoyance sociale, le Garde des sceaux, Ministre de la justice, le Ministre de l'intérieur et le Ministre des finances sont chargés, chacun en ce qui le concerne, de l'exécution du présent décret, qui sera inséré au *Bulletin des lois* et publié au *Journal officiel de la République française.*

DÉCRET DU 10 JANVIER 1907

PORTANT RÈGLEMENT D'ADMINISTRATION PUBLIQUE

POUR

L'ORGANISATION ET LE FONCTIONNEMENT

DU CONSEIL SUPÉRIEUR

DES HABITATIONS À BON MARCHÉ.

Le Président de la République française,

Sur le rapport du Ministre du travail et de la prévoyance sociale,

Vu les articles 14 et 15 de la loi du 12 avril 1906 sur les habitations à bon marché;

Le Conseil d'État entendu,

Décrète :

Art. 1er. Le Conseil supérieur des habitations à bon marché, institué auprès du Ministre du travail et de la prévoyance sociale, se compose de quarante-cinq membres, savoir :

Membres nommés par le Ministre :

Membres du Sénat.   5
Membres de la Chambre des députés.   8
Membres du Conseil d'État.   2
Personnes spécialement versées dans les questions de prévoyance, d'hygiène, de construction et d'économie sociales.   5
Membres des sociétés de construction ou de crédit d'habitations à bon marché, des sociétés mutuelles de prévoyance et d'épargne et des syndicats professionnels institués conformément à la loi.   7
Membres des comités de patronage des habitations à bon marché et de la prévoyance sociale.   5
Membre de l'Académie des sciences morales et politiques   1
Membre de l'Académie des beaux-arts, section d'architecture. . .   1
Membre de l'Académie de médecine.   1
Membre de la société française des habitations à bon marché. . .   1

Membre de la ligue nationale de la prévoyance et de la mutualité.   1

Membre de la société de médecine publique et d'hygiène profes-
sionnelle   1

Membre de l'institut des actuaires français   1

Membres de droit :

Le directeur de l'assurance et de la prévoyance sociales   1

Le directeur général de la Caisse des dépôts et consignations. . .   1

Le directeur général des contributions directes   1

Le directeur général de l'enregistrement, des domaines et du
timbre   1

Le directeur des affaires civiles et du sceau   1

Le directeur de l'assistance et de l'hygiène publiques   1
                                                            ———
Total   45

Ce conseil est placé sous la présidence du Ministre, qui désigne parmi ses membres deux vice-présidents.

Les secrétaires du conseil supérieur sont nommés par arrêté ministériel.

Art. 2. Les membres, à la désignation du Ministre, sont nommés pour quatre ans. Un renouvellement par moitié a lieu tous les deux ans. La première série sortante sera désignée par le sort.

Sont remplacés immédiatement les membres du conseil qui perdent la qualité en raison de laquelle ils avaient été nommés.

Art. 3. Le conseil supérieur s'occupe d'une façon générale de toutes les questions concernant les logements économiques. L'ordre du jour des séances est arrêté par le Ministre.

Le conseil peut, avec l'autorisation spéciale du Ministre, procéder à des enquêtes et entendre les personnes qu'il jugerait en état de l'éclairer sur les questions qui lui sont soumises.

Il prend connaissance des rapports présentés par les comités de patronage en exécution de l'article 14 de la loi du 12 avril 1906, émet son avis sur les questions qu'ils soulèvent et en donne annuellement le résumé, avec ses observations, dans un rapport d'ensemble adressé au Président de la République.

Art. 4. Le conseil tient au moins une session dans les quatre premiers mois de chaque année.

Art. 5. Un comité permanent de douze membres, choisis dans le sein du conseil et désignés par le Ministre, se réunit sous la présidence de l'un des vice-présidents chaque fois que les besoins du service l'exigent. Il délibère sur les affaires urgentes ou d'importance secondaire et instruit les questions à soumettre au conseil supérieur.

Art. 6. Le Ministre du travail et de la prévoyance sociale est chargé de l'exécution du présent décret.

5.

ARRÊTÉ DU 26 JANVIER 1907
RELATIF AUX COMITÉS DE PATRONAGE
DES HABITATIONS A BON MARCHÉ
ET DE LA PRÉVOYANCE SOCIALE.

Le Ministre du travail et de la prévoyance sociale,

Vu la loi du 12 avril 1906, relative aux habitations à bon marché, et spécialement l'article 2, § 2 et 3, de ladite loi, ainsi conçu :

« Le tiers des membres du Comité est nommé par le Conseil général, qui le choisit parmi les conseillers généraux, les maires et les membres des Chambres de commerce ou des Chambres consultatives des arts et manufactures de la circonscription du Comité.

« Les deux autres tiers sont désignés dans les conditions déterminées par un arrêté du Ministre du commerce, de l'industrie et du travail pris après avis du Comité permanent du Conseil supérieur visé à l'article 14 de la présente loi, parmi les personnes spécialement versées dans les questions de prévoyance, d'hygiène, de construction et d'économie sociale » ;

Vu les avis du Comité permanent du Conseil supérieur des habitations à bon marché en date des 11 juillet et 19 décembre 1906 ;

Sur la proposition du Conseiller d'État, directeur de l'assurance et de la prévoyance sociales,

Arrête :

Article premier. Les membres des Comités de patronage des habitations à bon marché et de la prévoyance sociale qui ne sont pas à la désignation des conseils généraux sont nommés dans chaque département par le Préfet, savoir :

Un membre choisi sur une liste de trois directeurs de caisses d'épargne, élus par les conseils des directeurs des caisses d'épargne situées dans la circonscription du Comité ;

Un membre de société de secours mutuels ou d'union de sociétés de secours mutuels, choisi sur une liste de trois membres élus par les bureaux des sociétés et unions ayant leur siège dans la circonscription du Comité ;

Un administrateur de société de construction ou de crédit d'habitations à bon marché, choisi sur une liste de trois administrateurs élus par les bureaux des sociétés approuvées en exécution de la législation sur la matière et ayant leur siège dans la circonscription du Comité;

Un membre choisi parmi les membres du Comité départemental d'hygiène ou des Commissions sanitaires de la circonscription du Comité;

Un membre choisi parmi les ingénieurs et architectes au service de l'État ou du département, dans la circonscription du Comité;

Un membre ou, si le Comité comprend douze membres, trois membres choisis parmi les personnes notoirement désignées par leur compétence et leur zèle en matière d'habitations à bon marché, de jardins ouvriers, de bains-douches, d'hygiène ou de prévoyance sociale.

Art. 2. Le Préfet détermine les délais et conditions des élections préalables qui sont prévues à l'article précédent et qui ont lieu par correspondance; il rend compte immédiatement au Ministre du travail et de la prévoyance sociale de leurs résultats, en lui faisant connaître ses choix.

Lorsque, dans une des catégories susvisées, il n'est point procédé aux élections dans les conditions et délais prévus, ou lorsque le nombre des élus est inférieur à trois, le Préfet exerce directement son choix dans ladite catégorie.

A défaut de caisse d'épargne, de société de secours mutuels ou de société de construction ou de crédit d'habitations à bon marché dans la circonscription du Comité, le Préfet nomme le membre de la catégorie correspondante dans les conditions indiquées au dernier alinéa de l'article 1er.

Art. 3. Pour le département de la Seine et pour les départements qui seraient exceptionnellement désignés, sur la proposition du Préfet, par arrêté ministériel, après avis du Comité permanent du Conseil supérieur des habitations à bon marché, le Préfet pourra, à titre transitoire, pour la première période de trois ans, porter son choix sur les membres faisant déjà partie des comités locaux existants, sans tenir compte des catégories spécifiées à l'article 1er.

Art. 4. En cas de vacance provenant de démission ou de décès, il y est pourvu dans un délai maximum de six mois, dans les conditions prévues aux articles précédents.

Il en est de même lorsqu'un membre perd la qualité en laquelle il avait été nommé.

CIRCULAIRE MINISTÉRIELLE

DU 27 FÉVRIER 1907

AUX PRÉFETS.

J'ai l'honneur de vous adresser ci-joint le texte : 1° de la loi du 12 avril 1906; 2° du décret du 10 janvier 1907 portant règlement d'administration publique pour l'exécution de ladite loi; 3° d'un arrêté en date du 26 janvier 1907 relatif à la nomination des membres des comités de patronage des habitations à bon marché et de la prévoyance sociale; 4° des statuts-types pour sociétés d'habitations à bon marché à forme coopérative ou à forme anonyme.

La loi du 12 avril 1906 entrant ainsi en application, je crois utile de vous en rappeler brièvement les principales dispositions en indiquant pour chacune d'elles, comme l'avait fait antérieurement la circulaire du 28 octobre 1895, les circonstances dans lesquelles l'administration préfectorale aura à intervenir.

I. *Comités de patronage des habitations à bon marché et de la prévoyance sociale.* — La loi apporte des modifications profondes aux dispositions établies par le législateur de 1894 pour la composition, le fonctionnement, les attributions des comités locaux d'habitations à bon marché. Ces comités deviennent « comités de patronage des habitations à bon marché *et de la prévoyance sociale* ». Comme leur désignation, leurs attributions s'élargissent ; elles ne sont plus exclusivement restreintes aux questions concernant la construction de maisons salubres et à bon marché ; elles s'étendent à l'encouragement de toutes les manifestations de la prévoyance sociale, dont l'habitation ouvrière n'est qu'une modalité importante. Outre les questions d'habitations à bon marché, ils devront étudier toutes celles qui se rapportent au développement de l'épargne et de l'assurance, ainsi que des institutions de mutualité, de crédit populaire ou de retraites.

Dans la sphère même des habitations à bon marché, un aliment nouveau est apporté à leur activité : l'article 5 de la loi leur confie la mission essentielle de certifier la parfaite salubrité des maisons qui doivent bénéficier des exonérations d'impôts. L'article 13 les appelle également à émettre un avis sur les statuts des sociétés d'habitations à bon marché qui sollicitent l'approbation ministérielle lorsque ces statuts ne sont pas identiques aux statuts types arrêtés par mon Ministère. Enfin l'article 8, comme la disposition correspondante de la loi du 30 novembre 1894, leur maintient la mission de procéder à l'estimation de la maison comprise dans une succession et sur la valeur de laquelle les héritiers ne sont pas d'accord.

Dans ces conditions, étant données ces attributions nouvelles des comités, leur institution ne pouvait être laissée facultative. L'article 1er de la loi a décidé qu'un ou plusieurs comités de patronage seraient obligatoirement établis dans chaque département.

Afin d'assurer l'application la plus rapide possible de ces dispositions et de faciliter la substitution du régime nouveau au régime de la loi du 30 novembre 1894, il sera nécessaire que vous fassiez toutes diligences pour provoquer les avis du conseil général *dans sa session d'avril*, afin que mon Ministère puisse, au plus tôt, soumettre les décrets d'institution à la signature de M. le Président de la République.

Il y aura lieu de consulter le conseil général sur le nombre des comités à instituer dans votre département, sur l'étendue de leurs circonscriptions respectives, si un seul comité n'est point reconnu suffisant et sur le nombre des membres que doit comprendre le comité. Sauf raisons locales spéciales, vous appellerez l'attention du conseil général sur l'intérêt qu'il semblerait y avoir à n'instituer qu'un seul comité pour le département, afin de lui assurer des éléments d'activité plus intense, une plus grande unité d'action et une autorité peut-être plus haute.

Si dans votre département fonctionnent déjà plusieurs comités locaux d'habitations à bon marché, l'assemblée départementale devra être consultée sur l'opportunité, soit d'instituer de nouvelles circonscriptions, soit de remanier les circonscriptions actuelles, de telle façon que toute partie du département soit comprise dans la circonscription d'un comité, soit enfin et plutôt de concentrer les comités existants en un comité unique qui aurait dorénavant pour champ d'action tout le département.

Une fois rendu le décret d'institution, il vous appartiendra de procéder à la désignation des deux tiers des membres du comité de patronage, dans les conditions prévues par l'arrêté du 26 janvier 1907 inséré au *Journal officiel* du 27 janvier.

Les deux tiers des membres du comité de patronage seront désignés par votre préfecture, en partie sur présentation des conseils des directeurs des caisses d'épargne, des bureaux des sociétés de secours mutuels et unions de ces sociétés, des bureaux des sociétés d'habitations à bon marché approuvées; en partie, sans présentation, parmi les membres du comité départemental d'hygiène ou des commissions sanitaires de la circonscription du comité, parmi les ingénieurs et architectes au service de l'État ou du département, parmi les personnes notoirement désignées par leur compétence et leur zèle en matière d'habitations à bon marché, de jardins ouvriers, de bains-douches, d'hygiène ou de prévoyance sociale.

Pour les présentations des caisses d'épargne, des sociétés de secours mutuels, des sociétés d'habitations à bon marché, mon Ministère et le comité permanent du conseil supérieur des habitations à bon marché ont cru répondre au vœu du législateur en ne vous imposant pas une procédure unique et invariable; une seule condition est posée, pour éviter des déplacements coûteux et inutiles : les élections ont lieu par correspondance; pour le surplus, il vous appartiendra de faire procéder à ces élections préalables suivant le mode qui paraîtra le mieux s'adapter aux situations, aux convenances et aux habitudes locales. Vous aurez, dans tous les cas, à me rendre compte des mesures que vous aurez prises à cet effet et qui devront faire l'objet de publications au Recueil des actes administratifs de votre préfecture.

L'article 3 de l'arrêté du 26 janvier 1907 dispose que, pour le département de la Seine et pour les départements qui seraient exceptionnellement désignés, sur la proposition du préfet, par arrêté ministériel, après avis du comité permanent du conseil supérieur des habitations à bon marché, le Préfet pourra, à titre transitoire, pour la première période de trois ans, porter son choix sur les membres faisant déjà partie des comités locaux existants, sans tenir compte des catégories spécifiées à l'article 1er. Vous aurez, le cas échéant, à me faire parvenir à cet effet des propositions motivées, dans le plus bref délai. J'ajoute que ces propositions n'auraient chance d'être accueillies que si elles s'appuyaient sur des services effectifs rendus par les comités existants et sur la nécessité de recourir à des compétences et à des activités déjà manifestement éprouvées.

Vous remarquerez qu'en appelant les caisses d'épargne, les sociétés de secours mutuels, les sociétés d'habitations à bon marché à vous faire des présentations en vue de la désignation des membres des comités de patronage, mon Administration a entendu, pour répondre aux intentions du Parlement, intéresser et associer aussi étroitement que possible les diverses institutions de prévoyance de votre département aux initiatives et aux efforts des comités; il dépend de votre préfecture et de vos interventions personnelles que ces institutions comprennent l'importance du rôle que la législation nouvelle les appelle ainsi à prendre dans l'orientation générale des œuvres de prévoyance pour tout le département; les présentations qu'elles vous feront et les choix que vous saurez effectuer dans ces présentations, en tenant compte avant tout du mérite, de l'indépendance, de l'autorité morale des personnalités ainsi désignées à votre attention, pourront beaucoup pour donner au comité son caractère initial et lui ménager dès l'origine l'unanimité des sympathies effectives et des concours actifs sans lesquels il risquerait de se trouver inférieur à sa mission.

C'est, au surplus, une mission intéressante entre toutes et bien faite pour tenter le zèle de tous ceux que ne laissent point indifférents les progrès plus que jamais souhaités et nécessaires de la prévoyance et de la solidarité sociales, sous toutes leurs formes. Les comités auront à se préoccuper de toutes les questions qui passionnent si justement l'opinion publique, questions de logement populaire salubre, d'épargne, d'assurance, de mutualité, de retraite. Sur tous ces problèmes, leurs membres, représentants autorisés d'institutions de prévoyance existantes ou voués à l'étude et à la pratique des questions qui les intéressent, échangeront leurs idées et les résultats de leur expérience, formuleront leurs vœux, élaboreront ou réaliseront des applications pratiques dans le souci grandissant de ne point laisser les tentatives utiles confinées dans des expérimentations isolées, mais de les rapprocher les unes des autres, de les convier à des pénétrations réciproques et à de méthodiques collaborations, de dresser en un mot dans le département un véritable faisceau d'efforts sociaux.

Mon Ministère, de son côté, attachera le plus grand prix à être tenu au courant de ces travaux, qui pourront fournir de précieuses indications pour la préparation des législations nouvelles, dont le Gouvernement et le Parlement ne sauraient puiser les éléments à des sources plus sûres et plus fécondes que les expériences combinées des initiatives locales.

Je dois vous signaler la disposition de l'article 4 de la loi, qui met obligatoirement à la charge du département les frais de local et de bureau des comités, ainsi que les frais de déplacements nécessaires pour l'application de la loi, suivant le tarif et dans les condition déterminés par le conseil général. Vous devrez provoquer sans retard, sur ce point, une délibération de l'assemblée départementale. J'ajoute que ce sont là des dépenses obligatoires qui pourraient, le cas échéant, être inscrites d'office au budget départemental, dans les conditions prévues par l'article 61 de la loi du 10 août 1871. Quant au déport entre les dépenses de cette nature et celles qui sont facultatives pour le département, il paraît suffisamment précisé dans l'article 4 pour que toute difficulté soit écartée, et je ne doute pas, au surplus, que sur vos éclaircissements, et, au besoin, sur vos instances, le conseil général ne se montre tout disposé à doter largement le comité de tous les instruments d'action nécessaires, sauf à se réserver tous les droits de vérification qu'il jugerait utiles sur l'emploi des crédits alloués. Son concours financier est une condition indispensable du fonctionnement du comité, et vous n'hésiterez pas à lui montrer l'importance de sa participation à l'œuvre dont le législateur a entendu ainsi lui remettre, pour une bonne part, l'honneur, en même temps que la responsabilité.

Chaque année dans le courant de janvier, votre préfecture continuera à m'adresser le rapport détaillé du comité sur ses travaux et sa situation financière, ainsi que les comptes de l'exercice écoulé et le budget de l'exercice courant.

Ce rapport d'ensemble, dont le conseil général voudra sans doute faciliter la publication locale, devra tout particulièrement continuer à s'étendre sur l'état des questions relatives aux habitations à bon marché; mais il devra aussi faire place, sous des rubriques distinctes, à toutes les autres questions de prévoyance (épargne, assurance, mutualité, retraites, etc.) qui auront retenu son attention pendant l'année. Ce rapport serait incomplet et ne livrerait ni à mon Administration ni au public tous les renseignements attendus, s'il ne représentait fidèlement tout le mouvement des progrès accomplis, des essais tentés et des études poursuivies en matière de prévoyance sociale dans tout le département au cours de l'année écoulée. Il serait d'ailleurs souhaitable qu'on pût y joindre, en plusieurs exemplaires, tous les documents (publications, plans, livrets, comptes rendus de cérémonies, etc.) susceptibles de l'illustrer en quelque sorte et de mieux faire saisir les efforts qu'il retrace ou les conclusions qu'il dégage. Ainsi seulement chaque département marquera nettement sa place dans l'œuvre totale, en même temps qu'il permettra au conseil supérieur d'envisager l'ensemble et de signaler utilement les tentatives à suivre, les écueils à éviter et les solutions acquises.

II. *Sociétés de construction ou de crédit.* — Les dispositions du décret du 21 septembre 1895 relatives aux clauses que doivent contenir les statuts des sociétés de construction ou de crédit pour qu'elles puissent bénéficier des faveurs de la loi ont reçu diverses modifications, résultant de la portée plus large des dispositions de la loi.

On n'insérera plus désormais dans les statuts la clause exigeant que les acquéreurs d'habitations à bon marché ne soient propriétaires d'aucune maison; il suffira, d'après la formule très large introduite par le législateur de 1906, que les intéressés soient des « personnes peu fortunées ».

D'autre part, il ne sera plus nécessaire que les sociétés elles-mêmes soient *exclusivement* consacrées aux habitations à bon marché; il suffira que les habitations à bon marché soient leur objet principal, sans préjudice des autres initiatives similaires auxquelles elles sont désormais libres de consacrer en partie leurs efforts et leurs ressources, telles que jardins ouvriers, bains-douches, etc.

Même pour les sociétés qui restreindraient leur action à l'habitation, le nouvel article 10 du règlement d'administration publique traduit tout l'intérêt que le législateur a attaché au développement de certaines dépendances collectives des maisons, notamment des jardins, bains et lavoirs ; il y a lieu d'espérer que les sociétés d'habitations à bon marché s'efforceront, de plus en plus, de ménager à ces compléments si nécessaires de l'habitation, pour la rendre à la fois plus attrayante et plus salubre, la part que le législateur leur a réservée dans ses préoccupations et ses encouragements.

Il ne faudrait pas, d'un autre côté, omettre d'attirer très particulièrement l'attention publique sur l'effort qu'appelle l'*assainissement* des logis existants. Là même où pendant longtemps encore, faute de capitaux suffisants, on devra reculer devant la réédification en masse de maisons nouvelles, il restera possible, par des sacrifices très sensiblement moindres, de procéder méthodiquement à l'adaptation hygiénique des maisons actuelles et de faire ainsi disparaître, au minimum de frais, les plus graves menaces d'insalubrité. Pour être moins séduisante que le libre développement de constructions neuves, cette tâche, au premier abord ingrate, mais qui peut être si féconde en résultats modestes, devrait presque apparaître au premier plan.

S'il existe dans votre département des sociétés désirant bénéficier des dispositions de la loi, vous leur ferez savoir qu'elles doivent soumettre leurs statuts à mon approbation. Si ces statuts peuvent être exactement rendus conformes aux statuts-types arrêtés par mon Ministère, l'approbation pourra intervenir immédiatement ; dans le cas contraire, il faudrait provoquer l'avis du comité de patronage, puis vous auriez à me transmettre le dossier de l'affaire, qui serait soumis au comité permanent du conseil supérieur des habitations à bon marché. Vous ne manquerez pas d'ailleurs, toutes les fois que vous serez saisi d'une demande en approbation de statuts non conformes aux statuts-types, de signaler aux fondateurs l'intérêt qu'ils auraient, pour éviter tout retard aussi bien que pour bénéficier d'une rédaction déjà mûrement étudiée, à adopter purement et simplement ces statuts-types.

Vous ne perdrez pas de vue que le législateur, aussi désireux d'éviter les abus que d'encourager les efforts sérieux, a prévu le retrait d'approbation pour le cas où des sociétés étendraient leurs opérations à des maisons ne répondant pas aux conditions et au vœu de la loi. C'est à vous surtout qu'il appartiendra de saisir les comités de patronage, puis mon Administration, de tous les renseignements qui pourraient vous paraître de nature à motiver les sanctions légales à cet égard.

Le délai dans lequel les sociétés dont les statuts ont été approuvés doivent produire le compte rendu de l'assemblée générale et leur bilan est réduit de six mois à trois mois. Vous tiendrez la main à ce que ces documents soient exactement fournis à votre préfecture et transmis à mon Ministère dans le délai fixé, afin de lui permettre, ainsi qu'au comité permanent du conseil supérieur des habitations à bon marché, d'exercer en temps utile et d'une façon efficace le contrôle dont ils ont la charge.

III. *Concours financier des établissements de bienfaisance.* — L'article 6 de la loi du 12 avril 1906 a notablement accru les facultés d'emplois de fonds en faveur des habitations à bon marché par les bureaux de bienfaisance et d'assistance, par les hospices et les hôpitaux. Ces emplois qui, sous l'empire de la loi du 30 novembre 1894, étaient restreints à la construction d'habitations à bon marché, aux prêts à des sociétés de construction ou de crédit, et à l'acquisition d'obligations de ces sociétés, ont été étendus à la souscription d'actions, sous la double réserve que ces actions soient entièrement libérées et qu'elles ne dépassent pas les deux tiers du capital social.

En outre, pour ces diverses modalités de concours financiers, les établissements hospitaliers ne sont plus isolés dans les étroites limites de leurs circonscriptions charitables; ils peuvent les déborder et faire rayonner leur action partout où ils le jugent possible et utile.

Je veux espérer que les administrateurs des établissements de bienfaisance et des établissements hospitaliers entreront plus largement dans ces vues, comme M. le Ministre de l'Intérieur les y a déjà conviés à plusieurs reprises, et qu'ils comprendront davantage les services qu'ils pourraient rendre à la salubrité de l'habitation ouvrière.

Sans abandonner les conseils de prudence que leur donnait la circulaire du 28 octobre 1895, vous pourriez avantageusement stimuler leur activité en ce sens et leur montrer combien ils resteraient fidèles à leur mission en choisissant pour le placement des deniers des indigents un emploi de fonds qui peut lui-même prévenir la maladie, principale source d'indigence ouvrière.

IV. *Concours financier des départements et des communes.* — La loi du 30 novembre 1894 ne laissait aux départements et aux communes qu'une action très limitée en matière d'habitations à bon marché ; l'article 2 de cette loi les autorisait à attribuer des subventions aux comités locaux, et, d'après l'article 3, certaines dépenses des comités pouvaient être mises par le conseil général à la charge du budget départemental.

La loi du 12 avril 1906 étend singulièrement ces moyens d'action. Les comités peuvent continuer à recevoir des subventions des départements et des communes et une partie des dépenses des comités devient obligatoire pour les départements. Mais l'article 6 leur indique une tâche nouvelle et d'importance, en leur permettant désormais d'apporter des concours financiers directs à l'amélioration du logement populaire.

Leurs interventions peuvent prendre les diverses formes ci-après :

A. — Prêts à des sociétés de construction ou de crédit ; acquisition d'obligations, ou même souscription d'actions de ces sociétés sous la triple réserve :

1° Que les maisons des sociétés d'habitations à bon marché qui bénéficient de ces interventions des départements ou des communes ne puissent être aliénées au-dessous du prix de revient, ni louées à des prix inférieurs à 4 p. o/o de ce prix, dans des conditions que spécifie explicitement le texte légal ;

2° Que les actions souscrites soient entièrement libérées et ne puissent dépasser les deux tiers du capital social.

L'intention manifeste du législateur a été de limiter aux deux tiers du capital social ce concours des départements et communes, comme d'ailleurs celui des bureaux de bienfaisance, hospices et hôpitaux, pour les empêcher de se substituer aux initiatives privées et pour leur laisser comme garantie l'intérêt même de ces initiatives à assurer une bonne gestion.

Pris séparément, les départements, les communes, les bureaux de bienfaisance et les hôpitaux et hospices peuvent donc souscrire, chacun en ce qui les concerne, les deux tiers du capital social. Mais, s'ils concourent simultanément ou successivement à cette souscription d'actions, la souscription de chacun d'eux ne saurait, avec les souscriptions similaires, dépasser au total les deux tiers du capital social ; car, s'il en était autrement, le capital social pourrait être intégralement couvert en dehors de toute intervention des capitaux des initiatives individuelles, et ainsi disparaîtrait la garantie qui doit résulter pour les établissements publics souscripteurs, de l'intérêt de ces initiatives à l'étroite surveillance de la gestion. J'estime donc, d'accord avec le Département de l'Intérieur, qu'il faut entendre le texte de l'article 6 de la façon suivante : *le total* des actions souscrites par les départements, les communes ou les établissements de bienfaisance ne peut dépasser les deux tiers du capital social.

3° Que ces divers emplois de fonds soient préalablement approuvés par décision du Ministre du Travail et de la Prévoyance sociale, après avis du comité permanent du conseil supérieur des habitations à bon marché, aux délibérations duquel participera, pour ces affaires, le directeur de l'administration départementale et communale au Ministère de l'Intérieur.

B. — Apports de terrains ou de constructions aux sociétés d'habitations à bon marché, sous la double réserve ;

1° Que ces apports ne soient effectués que pour une valeur au moins égale à leur valeur réelle, établie par expertise ;

2° Qu'ils soient approuvés dans les mêmes conditions que les emplois de fonds ci-dessus spécifiés ;

Ces souscriptions d'actions d'apport sont soumises aux mêmes restrictions que les souscriptions d'actions de numéraire et ne sauraient notamment dépasser les deux tiers du capital social, dans les conditions ci-dessus précisées.

C. — Cessions de gré à gré de terrains ou de constructions aux sociétés d'habitations à bon marché, à la condition que le prix de cession ne soit pas inférieur à la moitié de la valeur réelle établie par expertise.

D. — Garantie d'un dividende ou d'un intérêt aux actionnaires ou aux obligataires desdites sociétés, pourvu que cette garantie n'excède pas un taux de 3 p. o/o ; cette garantie ne peut d'ailleurs s'appliquer qu'aux dividendes ou intérêts à servir pendant les dix années qui suivront la constitution de chaque société pour faciliter les débuts de son fonctionnement.

Cette dernière modalité d'encouragement vous apparaîtra sans doute avec tous ses avantages pour les communes qui voudraient tenter une première expérience limitée d'intervention. Par des sacrifices relativement peu importants et dont il est en tout cas facile de mesurer le maximum et la durée, on réussirait probablement dans bien des centres à déterminer ainsi des bons vouloirs hésitants, à rallier des capitaux que la seule philanthropie ne peut suffire à attirer, mais qui cependant se déroberaient à la spéculation, s'ils trouvaient, avec l'attrait de bien faire, la sécurité d'un revenu suffisant. Ce procédé, devant lequel l'État n'a pas reculé dans certains cas pour assurer la stabilité de grandes entreprises d'intérêt général, trouverait encore plus peut-être ici son application normale pour les communes, qui, sans courir les risques d'une gestion plus ou moins directe, s'assureraient ainsi, avec un aléa préfixé, le concours de sociétés indépendantes, dans l'intérêt de l'hygiène locale.

Je dois ajouter que, si la loi a permis le cumul de ces divers modes d'intervention, vous devrez veiller néanmoins à ce que, « sous le couvert d'avantages multiples consentis à une entreprise privée d'intérêt général », ne puisse, comme l'indiquait le rapporteur de la loi au Sénat, se réaliser « une exploitation purement départementale ou communale en régie déguisée ».

Je n'ai pas besoin, d'autre part, de faire remarquer que l'article 6 de la loi du 12 avril 1906 ne porte nulle atteinte aux dispositions fondamentales des lois organiques des 10 août 1871 et 5 avril 1884. Les diverses opérations auxquelles se trouvent habilités les départements et les communes en matière d'habitations à bon marché restent en conséquence soumises aux conditions générales édictées par ces lois pour leur validité, notamment en ce qui concerne l'approbation par l'autorité supérieure des délibérations prises à cet effet. C'est à vous qu'il appartiendra de ne transmettre, le cas échéant, le dossier d'approbation à mon Ministère, ou, dans les cas où l'approbation n'est point requise, de ne laisser cours à la réalisation de l'opération qu'en vous assurant que l'intervention départementale ou communale est régulière au regard de ces deux lois, comme au regard de la loi du 12 avril 1906.

L'article 6 de cette dernière loi exige notamment, en cas d'apport ou de cession de terrains ou constructions aux sociétés d'habitations à bon marché, que la valeur de ces terrains ou constructions soit établie par expertise; par analogie avec la solution admise pour l'évaluation des immeubles des établissements de bienfaisance, l'article 12 du règlement d'administration publique du 10 janvier 1907 vous a confié le soin de désigner l'expert.

Les dossiers à me transmettre (sous le timbre de la Direction de l'Assurance et de la Prévoyance sociales), dans les cas où les projets requièrent l'avis du Comité permanent et mon approbation, devront comprendre :

1° Extrait de la délibération du Conseil général ou du Conseil municipal décidant le mode d'intervention du département ou de la commune et en fixant les bases;

2° Note préfectorale sur la situation budgétaire du département ou de la commune, et deux exemplaires du dernier budget départemental ou communal;

3° Deux exemplaires des statuts de la société d'habitations à bon marché bénéficiaire, certifiés et signés par le président et le secrétaire de la société;

4° Liste des membres composant le conseil d'administration de la société, avec indication de leur qualité et du nombre d'actions possédé par chacun d'eux;

5° Dernier bilan de la société, avec des renseignements détaillés sur la nature, la valeur et la situation des immeubles;

6° État détaillé des recettes et dépenses annuelles, tant pour l'année courante que pour les trois années antérieures;

7° Votre avis motivé sur les avantages on les inconvénients que peut présenter le projet.

Pour bénéficier des faveurs de la loi (art. 15), les statuts de la société doivent être approuvés; mais il suffira que la société rappelle la date de l'arrêté d'approbation, dont mon Administration conserve l'original.

Après avoir examiné les dossiers ainsi constitués par vous, j'aurai d'ailleurs soin de les communiquer pour avis au Département de l'Intérieur, avant de les soumettre au comité permanent du conseil supérieur des habitations à bon marché. Puis, lorsque j'aurai pu prendre, en ce qui me concerne, une décision après avis du comité permanent, je ferai transmettre le dossier à votre préfecture., ou bien au Ministère de l'Intérieur si son intervention se trouve requise pour la création des ressources nécessaires à la réalisation de l'opération.

C'est tout particulièrement en cette matière des interventions financières des départements et surtout des communes que votre initiative et vos conseils pourront, Monsieur le Préfet, se faire jour avec le plus de fruit. Tuteur éclairé et circonspect de la gestion des deniers municipaux, vous devez être en même temps et au même degré préoccupé de l'hygiène communale et, au premier chef, de l'hygiène des modestes logis. On peut dire, au surplus, que ces deux préoccupations ne sont le plus souvent opposées qu'en apparence, et que, dans la réalité profonde des choses envisagées avec largeur de vues et à long terme, il peut être d'une sage gestion municipale d'assumer dans le présent des dépenses indispensables d'hygiène pour écarter dans l'avenir les dépenses inévitables d'assistance : dans telle ville qui compte encore des îlots malsains ou des maisons marquées du signe mortel de l'insalubrité et de la tuberculose, créer des immeubles sains à bon marché ou seconder moralement et financièrement de telles créations, c'est une opération de gestion avisée et que conseillerait une sage prévoyance, même au point de vue purement économique, si ce n'était avant tout un devoir impérieux d'humanité. J'aime à croire que les municipalités intéressées comprendront le devoir qui leur incombe et ne laisseront pas inertes entre leurs mains les armes nouvelles que le Parlement a voulu leur faire contre les fléaux qui désolent maintes agglomérations ouvrières.

Ce n'est point à dire assurément que les communes doivent être entraînées à des dépenses disproportionnées ou à des mesures inconsidérées. Le législateur lui-même a pris soin d'entourer de garanties accumulées les diverses formes de concours qu'il autorise, et ce ne serait ni répondre à sa pensée ni même servir le succès de la législation nouvelle que d'improviser des entreprises de construction sans sérieuses études préalables ou de consentir des encouragements hasardeux à des sociétés dont le désintéressement ou la solidité pourrait prêter au doute. Par contre, il ne faudrait pas non plus qu'une circonspection excessive ou l'appréhension de toute responsabilité vînt rendre stériles des dispositions législatives qui, appliquées avec clairvoyance et décision, sans témérité ni parti pris, mais aussi sans craintive timidité, pourraient aboutir progressivement à une véritable rénovation du logement populaire.

Vous pouvez personnellement beaucoup dans cette voie, Monsieur le Préfet, et vous êtes assuré d'y trouver tous les encouragements de mon Administration comme tout l'appui du Département de l'Intérieur. Je suis disposé même à développer ce mouvement si nécessaire en mettant à l'étude, d'accord avec le comité permanent du conseil supérieur des habitations à bon marché, des dispositions législatives qui, sans toucher aux bases essentielles de notre législation sur les expropriations pour cause d'utilité publique, permettraient aux municipalités d'exproprier à leur valeur légitime ces maisons contaminées et contaminantes qui, à la faveur des errements actuels, apparaissent parfois pour tout un quartier comme une inexpugnable menace d'insalubrité redoutable.

Je vous prie, en tout cas, de vouloir bien dès maintenant signaler le paragraphe IV de la présente circulaire, avec une particulière insistance, à toutes les municipalités qui vous paraîtraient intéressées à en prendre connaissance et de me faire parvenir tous les ans, *avant le 1er mars* (sous le timbre de la Direction de l'Assurance et de la Prévoyance sociales), un état détaillé des initiatives communales ou départementales qui, dans cet ordre d'idées, auraient été mises à l'étude ou suivies de réalisations au cours de l'année précédente.

V. *Assurances en cas de décès.* — Comme pour la réglementation antérieure, c'est à votre préfecture qu'est confiée la désignation dans chaque canton où des habitations à bon marché seront construites, d'un ou de plusieurs médecins visiteurs chargés d'examiner les personnes qui demandent à contracter une assurance à la Caisse nationale d'assurance en cas de décès. Vous aurez à recevoir, s'il n'est déjà prêté, le serment de ces médecins, et vous devrez fixer, par arrêté, le tarif de la visite médicale. Vous remarquerez sur ce point que, tandis que sous la loi de 1894 le maximum du capital assurable était fixé à un chiffre déterminé pour chaque catégorie de communes par le taux de capitalisation de 4 fr. 27 appliqué au revenu net, l'article 7 de la loi du 12 avril 1906 dispose que le chiffre maximum du capital assuré est égal au prix de revient de l'habitation à bon marché, à condition, bien entendu, que l'habitation rentre dans les termes de la loi. Ce maximum de capital assurable peut même être augmenté de la prime nécessaire pour assurer à la fois le capital et la prime, dans le cas où l'assurance est contractée au moyen d'une prime unique et où l'avance en est faite à l'emprunteur par le prêteur bénéficiaire de l'assurance.

VI. *Indivision ou attribution des immeubles en cas de décès.* — La loi du 12 avril 1906 a apporté une modification intéressante à l'article 8 de la loi du 30 novembre 1894 au cas de décès de l'acquéreur ou du constructeur d'une habitation à bon marché et au profit du conjoint survivant qui se trouve copropriétaire de la maison; mais je n'insisterai pas à cet égard, votre administration n'ayant pas spécialement à intervenir dans son application.

VII. *Immunités fiscales.* — L'article 9 de la loi du 12 avril 1906 étend de cinq à douze ans l'exemption de la contribution foncière et de la contribution des portes et fenêtres, prononcée au profit de maisons d'habitations à bon marché à compter de l'année qui suit leur achèvement : il faut que les maisons individuelles ou les logements compris dans les maisons collectives réunissent les conditions prévues aux articles 1 et 5 de ladite loi.

Il faut notamment que les habitations soient destinées à des « personnes peu fortunées », que la valeur locative réelle des immeubles ou de chacun des logements les composant ne dépasse pas un certain chiffre; enfin que l'habitation soit reconnue salubre.

La valeur locative maxima que ne doit pas dépasser l'immeuble ou le logement, pour que la loi puisse s'appliquer, sera déterminée pour chaque commune par une commission composée de : un juge au tribunal civil, un conseiller général et un agent des Contributions directes. Cette commission siégera au chef-lieu de département. C'est à vous qu'il appartient d'en désigner les membres dans les deux mois de la promulgation du décret du 10 janvier 1907 et de procéder à leur convocation. Le chiffre arrêté par cette commission pour chaque commune ne pourra être supérieur aux chiffres limites indiqués à l'article 5 de la loi ni inférieur à ces chiffres de plus d'un quart ; il sera établi pour une période de cinq années. Il importe que cette commission fonctionne sans retard dans votre département, l'incertitude qui peut peser sur les conditions d'obtention des faveurs légales étant de nature à entraver la construction des maisons salubres et économiques. Vous remarquerez, d'ailleurs, qu'aux termes de l'article 53 la commission doit, dans les trois mois de sa nomination, procéder à cette fixation pour chaque commune. Pour l'accomplissement de leur mission, les membres de cette commission ne devront négliger aucun renseignement de nature à les éclairer sur la valeur locative moyenne des immeubles dans les diverses communes et sur les raisons qui pourraient exister d'abaisser le maximum légal ; ils tiendront particulièrement compte, lorsqu'elles leur paraîtront d'ailleurs justifiées, des observations que les maires de ces communes pourront présenter à cet égard dans le délai fixé par arrêté préfectoral inséré au Recueil des actes administratifs de la préfecture. Enfin, pour que les intéressés puissent facilement se renseigner sur les maxima déterminés par la commission, les décisions de la commission devront recevoir une publicité spéciale ; elles seront affichées à la porte des mairies de chaque commune, laissées dans chaque mairie à la disposition du public, et il sera bon de les publier également au Recueil des actes administratifs.

J'attache, du reste, d'une manière générale, le plus grand intérêt à ce que les dispositions de la loi nouvelle soient connues de tous ceux qui peuvent en réclamer le bénéfice, et je vous prie de mettre en œuvre tous les moyens de publicité dont vous disposez pour opérer le plus tôt et le plus largement possible leur vulgarisation.

Vous ne perdrez pas de vue qu'aux termes de l'article 58, § 2 du règlement d'administration publique, votre préfecture doit me saisir de propositions en vue de déterminer, pour l'application de l'article 5 de la loi, la banlieue des communes de plus de 30,000 habitants ; vous vous inspirerez à cet égard des circonstances locales et vous motiverez dans votre rapport spécial vos propositions. Je désirerais être saisi *avant le 30 avril prochain.*

Les comités de patronage sont chargés par la loi de s'assurer que les maisons et logements pour lesquels sont réclamées les immunités fiscales satisfont aux conditions nécessaires de salubrité. Dans ce but, après examen des plans et, le cas échéant, après vérification des lieux par un ou plusieurs délégués, ils établissent, s'il y a lieu, des certificats de salubrité qui doivent être délivrés dans les trois mois de la demande. Ils peuvent également faire des règlements indiquant les conditions générales que doivent remplir les constructions pour être agréées. Mais ces règlements doivent être préalablement soumis à mon approbation par votre intermédiaire, et vous aurez, en me les transmettant, à y joindre vos appréciations et propositions motivées.

J'ajoute que, pour faciliter la rédaction de ces règlements aux comités qui désireraient en établir et pour assurer l'unité de vues qui semble particulièrement désirable en cette matière, je me propose de procéder très prochainement, avec le concours du comité permanent du conseil supérieur, à l'élaboration d'un type de règlement.

En ce qui concerne les formes dans lesquelles sont obtenues les exemptions fiscales, aucun changement n'a été apporté à la législation antérieure.

Les propriétaires d'immeubles de l'espèce (sociétés régulièrement constituées à cet effet, ou particuliers) sont tenus de spécifier, dans la déclaration qui, d'après les dispositions de l'article 9, § 3, de la loi du 8 août 1890, doit être faite par tout propriétaire construisant une maison dans les quatre mois de l'ouverture des travaux, sur un registre spécial déposé à cet effet à la mairie, que leur intention est d'élever une maison de la catégorie de celles qui sont visées par la loi du 12 avril 1906, ou de faire, dans le même délai de quatre mois, une déclaration spéciale contenant les mêmes indications et transcrite également sur le registre tenu dans les mairies en exécution de l'article 9 de la loi du 8 août 1890. Par une interprétation libérale de la loi, les immunités pourront être revendiquées, dans tous les cas, pour les immeubles dont la construction a été achevée postérieurement à la promulgation de la loi du 12 avril 1906.

L'exemption cesserait si, par suite de changements de propriétaires ou de locataires, de transformation ou d'agrandissements, l'immeuble venait à perdre son caractère d'habitation à bon marché ou à prendre une valeur locative dépassant les chiffres maxima prévus par l'article 5.

Je vous prie, Monsieur le Préfet, de m'accuser réception de la présente circulaire et de prendre immédiatement toutes les mesures que vous jugerez nécessaires en vue de porter à la connaissance des intéressés et du public toutes les dispositions essentielles de la législation nouvelle.

Je reste tout disposé, au surplus, à vous faciliter la solution des questions que pourrait soulever l'interprétation de cette législation, et je suis assuré que vous voudrez bien prêter le concours le plus vigilant à son application, dont vous ne sauriez vous désintéresser sans méconnaître sa haute portée sociale.

CIRCULAIRE MINISTÉRIELLE

DU 27 FÉVRIER 1907

AUX DIRECTEURS DES CAISSES D'ÉPARGNE.

Messieurs, par une circulaire en date du 10 mars 1897, que mon Ministère a eu souvent l'occasion de rappeler, un de mes prédécesseurs a signalé aux caisses d'épargne l'intérêt que le législateur portait au développement des sociétés d'habitations à bon marché et le libre concours qu'il attendait dans ce but des réserves accumulées de l'épargne ouvrière.

« Connaissant exactement la situation des localités, ajoutait la circulaire du 10 mars 1897, se trouvant en contact direct avec une clientèle de déposants dans laquelle se recruteraient vraisemblablement les futurs acquéreurs ou locataires de maisons à bon marché, rapprochés par leurs relations administratives ou personnelles de ceux qui pourraient utilement provoquer et mener à bien la création de sociétés de construction, les administrateurs des caisses d'épargne sont mieux placés que quiconque pour susciter ou soutenir les premières tentatives et pour faciliter, par des prêts sagement consentis, la réalisation des projets correspondant à des besoins avérés. Sans rien sacrifier des sûretés que réclame toujours la gestion des fonds de l'épargne publique, sans rien délaisser d'un contrôle que leur rendra facile leur séjour sur place, ils peuvent ainsi participer activement à une œuvre sociale de haute portée et doubler, pour ainsi dire, l'utilité de la mission qu'ils ont généreusement assumée, puisque, en provoquant d'un côté à l'épargne, ils font concourir, d'un autre côté, cette épargne locale à l'amélioration des conditions locales du logement ouvrier. »

Ces recommandations ont commencé à être entendues au cours de ces dernières années. En vue d'étendre les résultats, encore trop limités, qui ont pu être obtenus, le législateur vient d'ouvrir aux caisses d'épargne de nouvelles facultés.

Jusqu'à ce jour, les emplois que les caisses d'épargne pouvaient faire, en vertu de l'article 10 de la loi du 20 juillet 1895, de la totalité du revenu de leur fortune personnelle et du cinquième du capital de cette fortune étaient restreints, en matière d'habitations à bon marché, à l'acquisition ou construction de ces habitations, aux prêts hypothécaires aux sociétés de construction existant dans le département ou aux sociétés de crédit qui, ne les construisant pas elles-mêmes, ont pour objet d'en faciliter l'achat ou la construction, et enfin aux obligations de ces sociétés. L'article 16 de la loi du 12 avril 1906 a étendu tout d'abord les facultés d'emplois de fonds ainsi prévues pour les habitations à bon marché ; désormais, les caisses d'épargne pourront :

1° Acquérir des *actions* des sociétés de construction ou de crédit, mais sous une double réserve : les actions acquises devront être entièrement libérées ; de plus, leur montant ne pourra dépasser les deux tiers du capital social ;

2° Consentir des prêts hypothécaires, amortissables par annuités, à des *particuliers* désireux d'acquérir ou de construire des habitations dans les termes de la loi.

Par l'adoption de ces dispositions, qui donnent satisfaction aux vœux répétés du Conseil supérieur des habitations à bon marché, le législateur a permis aux caisses d'épargne d'offrir à l'œuvre de l'habitation ouvrière un nouvel et direct appui, qu'il a d'ailleurs entouré de sages garanties. La pratique a montré en effet que, moyennant des études circonspectes et des précautions prudentes, les placements de cette nature peuvent présenter autant de sécurité que les autres, et certaines expériences déjà anciennes, faites notamment en ce qui concerne les prêts hypothécaires individuels, se sont traduites par un succès tel qu'on a pu avancer que c'était, de tous les modes de concours celui qui offrait le plus de garantie pour l'établissement prêteur. Ce n'est point là d'ailleurs son seul avantage ; il ne peut manquer d'avoir une heureuse répercussion sur la marche de votre institution elle-même : celui qui construit avec l'aide des subsides qui lui ont été avancés par une caisse d'épargne devient le client naturel de cette caisse ; c'est à ses guichets qu'il apportera les économies par lui réalisées et destinées au payement des annuités. Ses facultés épargnantes seront stimulées par ce fait que son épargne aura une fin déterminée et immédiate, et son exemple contagieux ne saurait manquer de multiplier autour de lui les entraînements à l'épargne. Ainsi, les caisses d'épargne, en participant à l'amélioration du logement ouvrier, pourraient, par un juste retour, accroître encore leur champ d'action et travailler à leur propre prospérité.

Pour intéressantes que soient ces modifications à l'article 10 de la loi organique sur les caisses d'épargne, ce ne sont point les seules. La loi du 12 avril 1906, dans son article 16, dispose en effet que « les diverses facultés d'emplois de fonds prévues pour les habitations à bon marché par l'article 10 de la loi du 20 juillet 1895 et par le présent article, s'appliqueront dans les mêmes conditions : 1° pour les jardins ouvriers dont la contenance n'excédera pas 10 ares; 2° pour l'établissement de bains-douches destinés aux personnes visées à l'article 1er », c'est-à-dire aux personnes peu fortunées, notamment à des travailleurs vivant principalement de leur salaire. Je ne saurais trop appeler votre attention sur l'intérêt de ces dispositions.

La diffusion des jardins ouvriers, qui depuis quelques années ont conquis la faveur publique, a le double avantage de ménager aux ouvriers pour leurs heures de loisir une occupation fortifiante et saine, en même temps qu'un très appréciable appoint pour l'alimentation de leur famille. La modicité relative des ressources nécessaires pour organiser la vente ou la location de jardins ouvriers ou pour venir en aide à des sociétés se proposant cet objet incitera, je veux l'espérer, les caisses d'épargne à user largement de la faculté nouvelle que leur ouvre à cet égard le législateur.

De même, quoique d'extension moins aisée, la création de bains-douches ou l'aide prêtée à des sociétés se constituant dans ce but peut apporter à la population ouvrière les moyens économiques de se conformer à des règles élémentaires d'hygiène, encore trop souvent méconnues. Il appartient aux caisses d'épargne d'étudier ou de faciliter le développement de ces institutions et de concourir à leur succès.

Je dois en même temps vous signaler le rôle nouveau que les représentants des caisses d'épargne sont particulièrement appelés à jouer dans les comités qui ont reçu de la loi du 12 avril 1906 un surcroît d'attributions. Les anciens comités locaux d'habitations à bon marché sont remplacés par les comités de patronage des habitations à bon marché et de la prévoyance sociale, ayant pour mission d'encourager toutes les manifestations de la prévoyance sociale, et non plus seulement la construction de maisons salubres et à bon marché. L'article 2 de la loi du 12 avril 1906 ayant confié à un arrêté ministériel le soin d'arrêter le mode de nomination des membres du Comité qui ne sont pas à la désignation du Conseil général, mon arrêté du 26 janvier 1907 a pris soin de disposer que les membres dont il s'agit comprendront notamment, dans chaque département : un membre choisi sur une liste de trois directeurs de caisses d'épargne, élus par les conseils des directeurs des caisses d'épargne situées dans la circonscription du Comité. Les caisses d'épargne, comme d'ailleurs les principales autres institutions de prévoyance du département, se trouveront ainsi représentées directement au sein du comité de patronage; elles pourront y faire valoir, non plus seulement sur les questions d'habitations à bon marché, mais sur toutes les questions de prévoyance sociale, le résultat de leurs études et de leur expérience, en même temps que leurs vues et leurs vœux. Ainsi s'établiront entre les représentants autorisés de ces institutions diverses des échanges d'idées et des réciprocités de concours qui peuvent avoir les plus heureux résultats; ainsi cessera l'isolement regrettable et stérile dans lequel semblaient parfois se confiner certaines caisses d'épargne; ainsi les comités de patronage deviendront de véritables centres de zèles désintéressés et d'études pratiques qui, au-dessus des compétitions personnelles et des rivalités collectives, au-dessus même des légitimes préoccupations que dicte aux administrateurs des différentes institutions de prévoyance le souci essentiel de la prospérité des institutions qu'ils administrent, feront apparaître à tous la nécessité supérieure et le désir dominant d'une association générale pour le bien commun, dans une étroite et cordiale cohésion d'efforts concertés. Les caisses d'épargne tiendront, j'en suis sûr, avec les sociétés de secours mutuels, à prendre le premier rang dans ce ralliement de bons vouloirs trop souvent défiants ou dispersés et dans cette concentration volontaire de travaux d'autant plus féconds qu'ils seront plus étroitement associés.

Vous voudrez bien, Messieurs, m'accuser réception de la présente circulaire, et me faire savoir, aussitôt que possible, les dispositions prises par votre caisse pour concourir à l'œuvre sociale dans laquelle, à la faveur de la législation nouvelle, elle peut se faire une si large place.

NOTE

SUR LA MISSION DES COMITÉS DE PATRONAGE

DES HABITATIONS À BON MARCHÉ

ET DE LA PRÉVOYANCE SOCIALE

SPÉCIALEMENT

EN MATIÈRE D'HABITATIONS À BON MARCHÉ [1].

(15 mars 1907.)

Au moment où le législateur vient d'apporter dans les conditions d'organisation et de fonctionnement et dans les attributions des anciens comités d'habitations à bon marché des modifications essentielles, le Ministère du Travail et de Prévoyance sociale et le Comité permanent du Conseil supérieur des habitations à bon marché ont jugé utile de marquer dans une note concise les caractères de cette transformation et d'indiquer ou de rappeler ce que peut et doit entreprendre un comité de patronage soucieux de bien remplir sa mission.

Les comités locaux d'habitations à bon marché de la loi du 30 novembre 1894 deviennent, avec la loi du 12 avril 1906, *les comités de patronage des habitations à bon marché et de la prévoyance sociale*. Il y a là plus qu'un simple changement d'étiquette; à ce nouveau titre correspondent une nouvelle conception de leur rôle, une extension importante de leurs attributions. Les comités de patronage ont désormais pour mission d'encourager, non plus seulement la construction de maisons salubres et à bon marché, mais encore toutes les manifestations de la prévoyance sociale. Ils peuvent, à cet égard, se reporter à la circulaire ministérielle du 27 février 1907.

CONSTITUTION DU COMITÉ. — RÈGLEMENT INTÉRIEUR.

L'article 2 de la loi du 12 avril 1906, l'article 2 du décret du 10 janvier 1907, déterminent la première organisation du Comité. Les élec-

---

[1] Cette note reproduit pour partie la note élaborée par le Conseil supérieur en juin 1897, et contient en outre des indications correspondant à la législation nouvelle.

tions faites, le Comité prépare son règlement. Utile pour ses délibérations ultérieures, mais d'importance après tout secondaire, ce règlement doit être rapidement élaboré. Peut-être le Comité de patronage pourrait-il même, suivant l'exemple de certains comités locaux d'habitations à bon marché sous l'empire de la loi du 30 novembre 1894, «pour arriver plus vite à l'examen des questions vraiment sérieuses, se contenter d'adopter pour son règlement intérieur les dispositions du titre Ier du décret du 10 janvier 1907».

En tout cas, ce serait risquer de perdre un temps précieux et d'attiédir les premières ardeurs que de consacrer à la discusssion de ce règlement plusieurs séances préalables. Il faut que, sans tarder, le Comité de patronage passe de l'étude à l'action.

AVIS RÉGLEMENTAIRES.

La loi du 12 avril 1906 et le règlement d'administration publique du 10 janvier 1907 ont prévu un certain nombre de cas dans lesquels le Comité de patronage est appelé à donner son avis : cette partie de sa mission, par laquelle il concourt à l'application régulière de la loi, et à l'obtention par les particuliers et les sociétés des immunités fiscales, doit être au premier rang de ses préoccupations. Le législateur a marqué du reste l'intérêt de ces attributions nouvelles du Comité de patronage en mettant, par l'article 4, à la charge du département les frais de local et de bureau, ainsi que les frais de déplacement nécessaires pour l'application de la loi du 12 avril.

1° L'article 5, § 1er, de la loi prévoit, pour la fixation dans chaque commune de la valeur locative devant servir de base à l'obtention des immunités fiscales, le fonctionnement, tous les cinq ans, au chef-lieu du département, d'une commission de trois membres. L'article 53 du règlement d'administration publique admet le Comité de patronage, de la circonscription à présenter ses observations dans le délai fixé par arrêté préfectoral inséré au *Recueil des actes administratifs de la préfecture*.

2° Aux termes de l'article 5, dernier § de la loi, les comités de patronage certifient la salubrité des maisons et logements qui doivent bénéficier des avantages légaux. Les comités s'attacheront, tout en s'entourant de tous les avis techniques nécessaires, à faire toute diligence de manière à ne point entraver le mouvement des constructions et à ne pas laisser place aux recours que le législateur a permis aux intéressés de former devant le Ministre du Travail et de la Prévoyance sociale, au cas où le certificat ne serait pas délivré dans les trois mois de la demande.

En vertu du même article, les comités pourront, s'ils le jugent nécessaire, soumettre à l'approbation du Ministre du Travail et de la Prévoyance sociale des règlements indiquant les conditions que devraient
remplir ultérieurement les constructions pour être agréées. Mais il est de
toute prudence d'ajourner l'étude de ces règlements jusqu'à ce que mon
administration ait pu élaborer, avec le concours de spécialistes et du
Comité permanent du Conseil supérieur des habitations à bon marché
un règlement-type mûrement étudié, que les comités de patronage auront tout avantage à adopter, sauf à y apporter les modifications de détail
que pourraient exiger certaines conditions locales. Les comités devront
d'ailleurs toujours, tout en assurant l'observation des règles essentielles
de salubrité et des dispositions légales, s'attacher à ne pas lier les constructeurs par des exigences ou des formalités trop nombreuses et trop
minutieuses, qui auraient pour résultat regrettable de décourager
les initiatives que le législateur a voulu au contraire multiplier en les
secondant.

3° Dans le cas de contestation sur la valeur d'une maison dont l'attribution est demandée en vertu de l'article 8 (2°) de la loi du 12 avril
1906, c'est, comme sous la législation antérieure, au Comité de patronage de la circonscription que le juge de paix doit confier le soin d'en
faire l'estimation et de lui adresser à cet égard un rapport détaillé.

4° Une innovation importante de la loi du 12 avril 1906 est celle qui,
par l'article 13, subordonne l'approbation des statuts des sociétés à l'avis
préalable du Comité de patronage.

Le Comité n'aura pas à donner son avis, il n'aura même pas à être
saisi, lorsque les statuts seront identiquement conformes aux statuts-
types arrêtés par mon Département, après avis du Comité permanent.

Dans le cas contraire, le Comité de patronage devra s'attacher principalement à vérifier si les statuts qui lui sont soumis sont bien en concor-
dance avec les dispositions de la loi du 12 avril 1906 et du règlement
d'administration publique du 10 janvier 1907; spécialement, s'ils ren-
ferment les dispositions indiquées par l'article 10 du règlement; il devra
joindre à l'avis motivé qu'il aura ainsi à émettre, au point de vue de
l'application de la loi sur les habitations à bon marché, tous les renseignements de nature à faire apprécier les chances de vitalité et de succès
de la société.

J'ai à peine besoin de vous signaler la nécessité pour le Comité de
patronage de procéder à l'examen très rapide des demandes d'approbation de statuts. Le Comité engagerait gravement sa responsabilité morale
s'il apportait à cet examen des retards qui risqueraient de décourager

les bonnes volontés et pourraient faire échouer des entreprises naissantes, reculant l'approbation finale à une époque trop tardive pour que les constructions puissent être entreprises. Dans cet ordre d'idées et afin d'éviter toute menace de retard, le Comité pourrait même utilement déléguer, soit à une sous-commission, soit à son bureau, le soin d'émettre, en son nom, des avis immédiats pour les cas où les statuts ne présenteraient que de légères divergences avec les statuts-types officiels et ne paraîtraient soulever aucune difficulté.

5° Le Comité de patronage aura, d'autre part, à émettre un avis *motivé* sur les retraits d'approbation, dans le cas où les sociétés effectueraient des opérations ne répondant pas aux prescriptions légales.

Il ne devrait point hésiter d'ailleurs à prendre lui-même l'initiative de ces avis, lorsqu'il serait établi que des sociétés se livreraient à des opérations de construction ou de crédit sur des maisons qui ne répondraient point aux conditions prévues par la loi ou, d'une manière générale, lorsque les dipositions légales se trouveraient violées. Il ne saurait perdre de vue, en effet, que son autorité sera d'autant plus haute et son action plus efficace en faveur des œuvres sérieuses, qu'il se montrera plus clairvoyant à l'encontre des entreprises qui tenteraient de fausser le but de la loi et de surprendre indûment ses faveurs.

ENQUÊTES APPROFONDIES.

Les travaux des commissions d'enquêtes préparatoires, effectués au lendemain du vote de la loi du 30 novembre 1894 en exécution de la circulaire ministérielle du 2 juillet 1895, ne sauraient, malgré quelques résultats remarquables, laisser d'illusion sur la valeur d'ensemble des renseignements jusqu'ici recueillis.

Le Comité de patronage trouvera de nouveaux éléments d'information dans l'enquête récente, à laquelle il a été procédé, sur l'instigation du Ministère du Travail et de la Prévoyance sociale, à l'occasion du dénombrement de la population opéré le 4 mars 1906.

Par une circulaire du 13 janvier 1906, l'administration de l'Intérieur a, en effet, prescrit, dans toutes les villes comptant plus de 5,000 habitants, l'établissement, pour chaque maison, par l'agent recenseur, d'un tableau annexe permettant de connaître l'état de l'habitation au point de vue du surpeuplement et de la salubrité. Les états annexes relatifs à chaque maison ont dû être déposés aux archives communales. De son côté, par la circulaire du 16 mars 1906, la Direction de l'Assurance et de la Prévoyance sociales faisait appeler l'attention des municipalités sur l'intérêt du dépouillement de ces états au point de vue de l'étude de l'amélioration du logement populaire, et sur la nécessité de les conserver avec le plus grand soin à la mairie, en vue d'enquêtes ultérieures plus détaillées. Enfin, pour répondre à un vœu du Conseil supérieur, l'Administration faisait en même temps recueillir par les municipalités des villes comptant plus de 5,000 habitants les éléments d'un relevé d'ensemble des habitations ouvrières, construites dans leurs communes par des patrons, des sociétés, des particuliers, en dehors de celles pour lesquelles a été demandé le bénéfice de la loi de 1894.

Chaque comité trouvera donc dans les résultats de ces premières enquêtes des éléments qui lui permettront de les pousser plus avant sur place, en même temps que de les étendre par analogie en dehors des villes de plus de 5,000 habitants.

Dans tous les cas, le Comité ne manquera pas de concours précieux : sans compter les membres des conseils d'administration des sociétés de construction ou de crédit, des sociétés de secours mutuels, des caisses d'épargne, des syndicats professionnels, il pourra faire encore appel aux collaborations diverses qu'il n'aura pas de peine à obtenir ; les visiteurs des sociétés de secours mutuels, le personnel des bureaux de bienfaisance, tous ceux qui visitent les indigents soit spontanément, soit en qualité de membres de commissions d'assistance ou d'hygiène, les médecins, les ingénieurs, les architectes, les hommes notoirement connus pour leur dévouement désintéressé à la cause de l'hygiène et de l'habitation salubre ne se refuseront pas à leur communiquer des renseignements précieux, s'ils sont sollicités avec le tact et les instances nécessaires.

TRAVAUX PARALLÈLES À L'ENQUÊTE.

L'enquête est destinée à préparer et à guider l'action, mais non à la suppléer. Elle ne saurait absorber l'activité du Comité de patronage sous peine de paralyser sa mise en marche. OEuvre de longue haleine, de laborieuse persévérance, elle pourrait, si elle restait trop longtemps l'occupation exclusive du Comité, lasser sa patience ou le reléguer dans des études de pure observation, en tout cas le détourner de l'action.

Or c'est essentiellement pour l'action à exercer, pour un rôle de soutien moral et matériel, pour des initiatives et des tutelles effectives que le Comité a été institué. Aussi doit-il, dès le début, concurremment avec la poursuite de l'enquête et suivant ce qu'en décideront les circonstances ou les occasions propices, recourir à telle ou telle des interventions suivantes.

ENCOURAGEMENTS AUX SOCIÉTÉS DE CONSTRUCTION OU DE CRÉDIT ET AUX ŒUVRES ANNEXES.

Dans les localités où n'est signalée aucune disponibilité de logements vacants, où le jeu normal des locations ne répond pas aux besoins, où le taux des loyers dépasse évidemment les ressources des budgets ouvriers, c'est en poussant à la création des sociétés de construction et de crédit, c'est en les assistant dans leur formation et leurs débuts que le Comité réalisera le plus rapidement les intentions du législateur. Souvent — les faits l'attestent — il a suffi d'une conférence publique bien préparée, d'une voix autorisée exposant le problème et la solution, d'un entraînement de bons vouloirs immédiatement utilisés et, à l'issue même de la conférence, sont jetées les premières bases d'une société.

Suivant les éléments qui la composent et les capitaux qu'elle réunira, cette société prendra ici une forme anonyme, là une forme coopérative.

Dans les deux cas, elle pourra trouver son état civil tout prêt dans les statuts-types qui ont été arrêtés par mon administration, après avis du Comité permanent, et qui l'habiliteront au rôle simultané de société de construction et de société de crédit, en lui laissant même toute liberté d'étendre accessoirement son action à tous les objets qui se rattachent à l'œuvre des habitations à bon marché et qui peuvent concourir à ce triple but : développement de l'hygiène de l'habitation, multiplication des foyers de famille, facilités d'accession à la petite propriété.

Ainsi que l'expliquait la circulaire ministérielle du 23 juillet 1903, l'adoption pure et simple de ces statuts-types par les promoteurs des sociétés leur évitera les imprudences et les périls de statuts trop complexes ou insuffisamment étudiés. Elle leur permettra, en outre, d'éviter les délais inhérents à des examens d'espèce par le Comité de patronage, par le Comité permanent et par l'Administration, et d'obtenir très rapidement, sans formalités, l'approbation ministérielle.

Cette facilité de procédure abrégée ne porte pourtant pas atteinte au droit des sociétés qui, à raison de circonstances particulières, voudraient s'écarter des statuts-types et proposer à l'approbation ministérielle des rédactions différentes; mais elles auraient alors à subir les formalités et les délais inséparables d'un examen individuel par le Comité de patronage, par le Comité permanent et par l'Administration. Même en ce cas d'ailleurs, le Comité de patronage rendrait service aux fondateurs en les mettant en garde contre des changements sans justification précise et en leur conseillant de se rapprocher le plus possible des statuts-types, résultat d'une étude juridique approfondie et d'une expérience pratique dont il serait imprudent de délaisser le bénéfice pour le vain amour-propre d'innovations trop souvent hasardeuses.

Souvent d'ailleurs l'action officielle du Comité pourra se doubler de discrètes interventions. Pour achever le groupement des sociétaires, pour apaiser ou prévenir les compétitions de personnes, pour éclairer ou affermir des hommes souvent peu familiarisés avec des affaires et défiants de toute entreprise, pour leur indiquer les types d'habitations qui ont déjà fait leurs preuves, pour leur concilier la sympathie des pouvoirs locaux, que de démarches ne faudra-t-il pas, et de conseils, et d'encouragements !

A cette tâche, le Comité de patronage ne saurait se dérober : la loi l'y convie. Si même, en certains cas, il doit effacer son action collective pour ne jamais laisser entamer l'ascendant moral qui fait sa force, ses membres alors, à titre individuel, mais en se concertant, ne peuvent se dispenser de parler et d'agir, d'user au grand jour de leur légitime influence, de mettre en avant l'autorité de leur exemple ou tout au moins d'une intervention persuasive et convaincue, par exemple auprès des patrons pour les décider à des initiatives et à des sacrifices en vue d'améliorer le logement de leur personnel. Le succès, immédiat ou prochain, est à ce prix.

Les sociétés ainsi suscitées à la vie, il faut, pour les faire vivre, leur faciliter dans la mesure du possible l'obtention des ressources financières indispensables. Non pas qu'il s'agisse de se mêler à la gestion financière des sociétés ou de leur assurer un patronage direct, qui pourrait n'être pas sans inconvénients ; mais on ne saurait trop s'attacher à seconder la réalisation des intentions du législateur, qui a pris soin lui-même d'entr'ouvrir en leur faveur certaines caisses de prévoyance et d'assistance et de convier les communes ou les départements à leur venir en aide.

Les bureaux de bienfaisance et d'assistance, les hospices, les hôpitaux, aux termes de l'article 6 de la loi du 12 avril 1906, les caisses d'épargne, aux termes de l'article 10 de la loi du 20 juillet 1895 et de l'article 16 de la loi du 12 avril 1906, peuvent, dans des conditions définies, consentir des avances aux sociétés.

L'action des établissements de bienfaisance a même, depuis la loi du 12 avril 1906, une sphère plus étendue ; elle n'est plus limitée, comme sous l'empire de la loi du 30 novembre 1894, à leur circonscription charitable. En outre, ces établissements peuvent affecter le cinquième de leur patrimoine, non plus seulement à la construction directe de maisons à bon marché et à des prêts à des sociétés d'habitations à bon marché, mais encore à l'acquisition d'obligations et à la souscription d'actions de ces sociétés.

Dans le même ordre d'idées, l'article 6 de la loi du 12 avril 1906 permet aux départements et aux communes d'apporter aux sociétés d'habitations à bon marché, dans certaines conditions, un appoint de ressources pour ainsi dire illimité, sous forme de prêts, d'acquisition d'obligations, de souscription d'actions, d'apports ou de cessions de terrains, enfin de garanties d'intérêt. C'est au Comité de patronage qu'il appartiendra souvent d'intervenir efficacement, entre les départements, ou surtout les communes d'une part, et les sociétés d'autre part, afin de faire entrer dans la pratique et de développer ces nouveaux et précieux moyens d'action.

La Caisse des dépôts et consignations ne manquera pas non plus d'affecter directement à des placements en obligations négociables des sociétés d'habitations à bon marché de nouvelles ressources prélevées sur le fonds de réserve et de garantie des caisses d'épargne : c'est encore au Comité de patronage à faire connaître aux intéressés la possibilité de ces concours financiers, au sujet desquels il trouvera tous les renseignements nécessaires auprès de la Caisse des dépôts et consignations.

Quant à l'intervention directe des caisses d'épargne en faveur des habitations à bon marché, l'Administration en avait signalé tout l'intérêt dans une circulaire adressée le 10 mars 1897 aux directeurs de ces établissements. De nouvelles et pressantes recommandations viennent d'être faites aux conseils des directeurs pour leur montrer la part grandissante qui revient aux caisses d'épargne, suivant le vœu du législateur, dans le développement des habitations à bon marché et des œuvres annexes, soit en raison de la représentation qui leur est assurée dans les comités de patronage, soit en raison des nouveaux modes d'intervention qui leur sont ouverts par l'article 16 de la loi du 12 avril 1906. Les emplois en valeurs locales autorisés par l'article 10 de la loi du 20 juillet 1895 ont été étendus par l'article 16 de la loi du 12 avril 1906 aux actions des sociétés d'habitations à bon marché, sous certaines réserves, et aux prêts hypothécaires au profit de particuliers.

Enfin ces diverses ressources peuvent être affectées par les conseils des directeurs des caisses d'épargne à la création et au développement d'œuvres qui ont une parenté étroite avec les habitations à bon marché : il s'agit des jardins ouvriers (pourvu que leur contenance n'excède pas 10 ares) et de l'établissement de bains-douches destinés aux personnes peu fortunées. Ce sont là deux œuvres des plus intéressantes pour le bien-être des travailleurs, que l'opinion publique a accueillies dans ces derniers temps avec une faveur marquée et dont le Comité de patronage pourrait singulièrement contribuer à assurer le succès.

Mais, pour ménager à ces diverses facultés légales et aux dispositions bienveillantes de l'Administration leur effet utile, il faut que les sociétés nouvelles soient introduites auprès des établissements, dont elles ne peuvent être connues ; qu'elles soient menées comme par la main auprès des administrateurs des caisses d'épargne ou des bureaux de bienfaisance ou des hospices, auprès du maire ou du préfet, et qu'elles soient moralement cautionnées auprès d'eux. Par qui ce rôle d'introduction et de protection pourrait-il être plus heureusement assumé que par les membres du Comité de patronage, que leur situation, leur compétence reconnue, leurs relations administratives et personnelles, leur dévouement désignent entre tous à la confiance de ces établissements, et dont l'entremise seule est déjà un premier élément de crédit ?

Il ne peut suffire, enfin, de faciliter en connaissance de cause des constructions nouvelles ; il importe d'obtenir que ces constructions soient effectuées dans de bonnes conditions hygiéniques et que la vente en soit faite avec les garanties que prévoit la loi.

A ce double point de vue, le Comité de patronage doit se rappeler et rappeler, le cas échéant, aux intéressés :

1° Que, pour bénéficier des faveurs consenties par le législateur, les petites habitations ne doivent pas seulement être «à bon marché», mais encore et surtout «salubres», ainsi que le porte expressément, dans son article 1ᵉʳ, la loi du 12 avril 1906 ;

2° Que l'article 7 de la même loi a autorisé la Caisse nationale d'assurances à passer des contrats d'assurances temporaires avec les acquéreurs ou les constructeurs de maisons à bon marché. Ces contrats sont entrés dans les mœurs en Belgique et accompagnent presque toutes les opérations de maisons individuelles. Le Comité de patronage rendrait un grand service en contribuant à les acclimater dans notre pays ; car ils réalisent une précieuse sécurité, non seulement pour les sociétés de construction et de crédit, mais encore pour les acquéreurs dont la famille possédera la maison le jour de leur décès, alors même qu'il surviendrait le lendemain de la signature du contrat.

ENCOURAGEMENTS AUX CONSTRUCTIONS INDIVIDUELLES.

Pour être plus réservé dans sa propagande, plus mesuré dans ses interventions, le Comité de patronage ne saurait non plus se désintéresser des constructions individuelles qui, rentrant dans les termes et dans l'esprit de la loi de 1906, sont faites «par les intéressés eux-mêmes pour leur usage personnel».

À ce mouvement de l'initiative personnelle vers la petite propriété, à cet emploi de la petite épargne qu'on pourrait appeler un placement en hygiène et en indépendance, pourquoi le Comité ne prêterait-t-il pas aussi son concours et son appui? Une parole dite à propos, un avis donné en temps voulu, des plans et des devis communiqués pourraient souvent éveiller un projet ou hâter son exécution et changer un locataire misérablement abrité et mécontent en un petit propriétaire mieux logé et plus heureux.

Le Comité de patronage répondra ainsi au vœu du Conseil supérieur des habitations à bon marché et à celui du législateur qui a tenu à ménager des encouragements particuliers aux constructeurs individuels et vient d'autoriser les caisses d'épargne à employer une partie de leurs ressources en prêts hypothécaires, amortissables par annuités, au profit de particuliers désireux d'acquérir ou de construire des habitations à bon marché.

AMÉLIORATION ET ASSAINISSEMENT DES LOGEMENTS EXISTANTS.

Construire des habitations nouvelles n'est pas toujours nécessaire, ni désirable. Telle ville, tel centre manufacturier abonde en petits logements; la quantité n'est pas en cause, la qualité seule fait défaut. En ce cas et en ce lieu, c'est vers un autre objectif, également prévu par le décret du 10 janvier 1907, que doit se porter l'activité du Comité de patronage. Il doit rappeler alors que, si les constructions neuves exigent d'importantes ressources, il est souvent possible de réaliser au moins les assainissements les plus indispensables dans les immeubles existants; des adductions d'eau, des canalisations pour le rejet des matières et des eaux de rebut, des ventilations habilement introduites, tels autres aménagements partiels que commande ou conseille l'état des lieux peuvent transformer modestement, mais efficacement, des taudis en demeures sainement habitables.

Dans le même esprit, il peut fonder et distribuer ces «prix d'ordre et de propreté» déjà tentés avec succès, mettre en jeu les amours-propres par des encouragements industrieusement ménagés, stimuler les indifférences faites d'ignorance, s'ingénier à mettre l'hygiène en honneur et poursuivre, par la réforme des habitudes morales autant que des défectuosités matérielles, la transformation des plus humbles foyers. Si le Parlement n'a pu encore ouvrir les crédits budgétaires que permettait déjà la loi de 1894, le Comité de patronage, à défaut de subventions d'État, obtiendra sans doute à cet effet des allocations départementales ou communales. Plusieurs conseils généraux et municipaux ont déjà donné l'exemple : il ne peut manquer d'être suivi, si les comités savent mettre en relief l'importance du but qu'ils visent. Faut-il ajouter qu'en cette matière la valeur vénale des prix peut être singulièrement relevée par la manière de les attribuer et que des concours bien conçus peuvent, avec des ressources relativement faibles, provoquer des résultats importants ?

APPLICATION DU RÉGIME DE DÉVOLUTION HÉRÉDITAIRE DES HABITATIONS À BON MARCHÉ.

Même lorsqu'il n'y a pas lieu de provoquer la constitution de sociétés, ni de favoriser les constructions individuelles, ni de remédier au mauvais état des logements existants, le Comité de patronage a encore une mission à remplir, toute de propagande juridique et morale, de renseignements et de conseil, mais fort importante encore, à tout prendre, si l'on envisage le nombre de maisons auxquelles elle peut s'appliquer, le nombre de familles qu'elle peut soustraire aux dislocations brutales et aux taxes ruineuses qui trop souvent suivent le décès de l'ouvrier ou du paysan.

Ce n'est point ici la place d'une leçon de droit montrant comment le législateur fait résolument échec pour les habitations à bon marché aux règles absolues du Code civil et autorise la transmission de ces habitations à l'abri de la licitation obligatoire et des procédures, des lenteurs, des frais qu'elle entraîne. Qu'il suffise de rappeler qu'en ce point, pour toutes les maisons de peu d'importance, aux champs aussi bien qu'à la ville, apparaît dans l'intérêt de la famille ouvrière ou rurale un droit successoral nouveau et que, pour en bénéficier, il suffit que les intéressés le requièrent.

Lorsqu'une maison individuelle répondant aux conditions de la loi du 12 avril 1906 figure dans une succession et que cette maison est occupée au moment du décès de l'acquéreur ou du constructeur par le défunt, son conjoint ou l'un de ses enfants, le maintien de l'indivision peut être prononcé. De plus, chacun des héritiers et le conjoint survivant, s'il a un droit de copropriété, a la faculté de reprendre la maison sur estimation. La loi du 12 avril 1906 est venue sanctionner ce régime exceptionnel de dévolution héréditaire en étendant la durée possible du maintien de l'indivision, qui peut être continuée de cinq en cinq ans jusqu'au décès du conjoint survivant, lorsqu'il est copropriétaire au moins pour moitié.

Si ces dispositions paraissent encore trop ignorées, si elles n'ont pas cause gagnée, c'est assurément au Comité de patronage qu'il appartient de les répandre, de les mettre en valeur, de les faire passer de la loi dans les mœurs. Le législateur, il est vrai, ne lui crée qu'une obligation officielle, celle d'estimer, en cas de contestation, le prix des maisons transmises. Mais qui ne voit que c'est là seulement la partie formelle et matérielle de sa tâche? Ce qu'il doit avant tout aux intérêts dont il a pris charge, aux pouvoirs publics qui lui font confiance, c'est la diffusion de cette législation nouvelle, la conquête morale des maires, des juges de paix et de leurs greffiers, de toutes les influences locales en vue d'acclimater ce régime simplifié de succession familiale.

AUTRES QUESTIONS DE PRÉVOYANCE SOCIALE.

Pour intéressante que soit la mission ainsi conférée tout d'abord aux Comités de patronage en vue du développement des habitations salubres et à bon marché et de la propagation d'œuvres annexes ou voisines, telles que jardins ouvriers et bains-douches, son rôle ne s'arrête point là.

Le titre nouveau de «Comité de patronage des habitations à bon marché et de la prévoyance sociale» témoigne assez, comme on l'a déjà observé, que son rôle a été sensiblement élargi. Les rapporteurs au Sénat et à la Chambre de la loi du 12 avril 1906 ont, l'un et l'autre, tenu à mettre en relief le nouveau caractère attribué ainsi au Comité. Manifestement, le législateur a entendu donner plus d'activité et de vie à chaque comité en lui confiant, sans préjudice de ses attributions essentielles, l'étude complète des problèmes d'épargne, de crédit populaire, de mutualité, d'assurances et de retraites.

De plus en plus, tous les esprits familiarisés avec les problèmes sociaux s'accordent à substituer, autant qu'il est possible, aux remèdes tardifs qui atténuent le mal et la misère les précautions susceptibles de les prévenir : l'hygiène vaut encore mieux que la médecine, et la prévoyance que l'assistance.

Comme les misères sociales, les institutions de prévoyance destinées à les combattre ou à les soulager sont reliées par d'étroites affinités et pourraient, si l'on savait le vouloir, se prêter un mutuel appui. Les Comités de patronage rendraient un signalé service à la cause de l'habitation à bon marché, s'ils parvenaient à faire participer à ce mouvement celui de l'épargne, de la mutualité, des syndicats et de la coopération.

Qui ne voit que le rôle du Comité de patronage, ainsi compris, peut devenir du plus vif et du plus pressant intérêt? Et comment douter que les comités de patronage des habitations à bon marché et de la prévoyance sociale ne tiennent à honneur de marquer ainsi leur place dans le mouvement économique et social de leur région et du pays?

ÉTABLISSEMENT D'UN RAPPORT ANNUEL.

De toutes leurs tentatives et de tous leurs efforts un témoin restera : c'est le rapport annuel adressé au Ministre du travail et de la prévoyance sociale en vertu du décret du 10 janvier 1907.

Il est à désirer que ces rapports ne grossissent pas la série des rapports purement administratifs et financiers; mais que les faits et les chiffres y soient mis en lumière par des appréciations détaillées et des exemples topiques; que l'Administration et le Conseil supérieur puissent y suivre de près les expériences infructueuses ou fécondes, les progrès réalisés, les essais en cours, le bilan annuel des efforts et des réussites.

Ainsi seulement le Conseil supérieur pourra se rendre compte du mouvement d'ensemble, comparer la situation des divers départements, signaler aux uns les initiatives heureuses prises par les autres, faire concourir les succès partiels au développement de l'œuvre générale.

Chaque Comité de patronage aura assurément à cœur de témoigner en détail de son activité dans les voies nouvelles qui lui sont ouvertes. En dehors de son rapport d'ensemble concernant spécialement les habitations à bon marché, le Comité aura à consigner dans des rapports distincts le résultat de ses études et ses desiderata sur les autres questions de prévoyance, d'épargne, de crédit populaire, de mutualité, d'assurances, de retraites. Ce seront là autant de documents précieux qui pourront guider l'Administration et le Parlement dans l'application et, s'il y a lieu, la modification des législations sur ces diverses matières.

CONCOURS DE L'ADMINISTRATION ET DU CONSEIL SUPÉRIEUR.

De leur côté, les comités de patronage peuvent être assurés de trouver toujours auprès du Ministre du travail et de la prévoyance sociale et du Conseil supérieur tous les renseignements, tous les conseils dont ils pourraient avoir besoin.

A titre individuel, les membres du Conseil supérieur se trouveront même disposés à seconder personnellement les comités qui désireraient les consulter, et, lorsque leurs loisirs et les circonstances le leur permettront, à aller sur place, comme plusieurs d'entre eux l'ont déjà fait, depuis plusieurs années porter les explications et les encouragements nécessaires.

ACTION SUR L'OPINION PUBLIQUE.

Les divers moyens d'action qui viennent d'être rapidement énumérés seront mis en œuvre, tantôt successivement, tantôt parallèlement, suivant les conjonctures et les ressources, et surtout suivant le zèle que déploieront les membres du Comité.

Mais, quelles que puissent être leurs initiatives, ils doivent se persuader qu'ils n'auront encore presque rien fait, s'ils n'ont pas réussi à provoquer autour d'eux un courant d'idées nouvelles.

Que les membres du Comité de patronage se consacrent sans retard et sans trêve à cette œuvre; que leurs conversations, leurs conférences, leurs écrits, leurs appels à la collaboration des feuilles locales, éveillent l'attention des populations intéressées; qu'ils fassent des questions de l'habitation salubre, de la petite propriété domestique, de la mutualité sous toutes ses formes, des retraites, autant de questions toujours posées devant l'opinion publique; qu'ils intéressent cette opinion à toutes les préoccupations si actuelles de prévoyance sociale : ils justifieront ainsi la confiance nouvelle que leur a montrée le législateur de 1906 en élargissant leurs attributions et ils pourront mener à bien la mission importante que la présente Note a pour objet de leur rappeler et de leur faciliter.

TABLE DES MATIÈRES.